A. Blobel

Praktischer Rathgeber für Auswanderer nach Amerika

A. Blobel

Praktischer Rathgeber für Auswanderer nach Amerika

ISBN/EAN: 9783743431485

Hergestellt in Europa, USA, Kanada, Australien, Japan

Cover: Foto ©Lupo / pixelio.de

Weitere Bücher finden Sie auf **www.hansebooks.com**

Praktischer Rathgeber
für
Auswanderer nach Amerika.

Enthaltend

die Staats-Verträge zwischen dem Norddeutschen Bund und den Vereinigten Staaten Amerika's. Das Wichtigste über Eigenthums-Erwerbung. Das Statut der Deutschen Gesellschaft in New-York und deren Agenten in Europa. Die Auswanderung im Allgemeinen. Auswanderers Noth. Welchen Einschiffungs-Hafen soll ich wählen? Die Vorbereitung. Die Reise. Die Preise in Hamburg. Die Preise in Bremen. Stettin als Auswanderungs-Hafen. Andere Schiffs-Bestimmungen. Allg. Bestimmungen für Dampf- und Segel-Schiffe. Reise-Gepäck. Gegenseitige Verpflichtungen. Schiffs-Beköstigung. Obrigkeitliche Gesetze. Einrichtung. Amerik. Geld. Ankunft in New-York. Der landwirthschaftliche Charakter der sich zur Ansiedlung eignenden Staaten. Die Süd-Staaten der Union. Territorien. Der Jahres-Bericht der Einwanderungs-Commission zu New-York. Die Reduction des Kopfgeldes. Die auslaufenden Dampfer und Bahnhöfe New-York's. Anfang des Wohnens in Blockhaus und Stadt. Eine Eisenbahn-Reise auf der Pacific-Bahn.

Nach eigenen Anschauungen und den besten Hilfsquellen bearbeitet

von

A. Blobel.

Berlin, 1870.

Druck und Verlag von R. Bergmann,

Gitschinerstraße 17.

Vorwort.

Nachdem ich fast alle Welttheile vom höchsten Norden bis zum tiefsten Süden bereist (theils als Reisebegleiter des bekannten Naturalisten Herrn Keitel in Berlin, theils als Geschäftsführer des Stallmeisters Sr. Hoheit des verstorbenen Vice-Königs von Egypten Mehemet Aly, Herrn Hartmann, und des bekannten Thierhändlers Luigi Casanova) regte sich in mir der Wunsch, den Westen, den großen Stapelplatz, das Goldland Amerika, kennen zu lernen; der Gedanke, so schnell er bei mir aufgetaucht, wurde derselbe auch ausgeführt. Anfangs Oktober 1866 fing ich an meine persönlichen Verhältnisse zu ordnen und am 31. Oktober sagte ich meiner Vaterstadt Berlin „Lebewohl."

Nachdem ich die Unionsstaaten von Nord nach Süd, von Ost nach West durchstreift und die Licht- und Schattenseiten der deutschen Auswanderung kennen gelernt, entschloß ich mich, meinen Landsleuten, welche sich zur Auswanderung nach Amerika entschlossen, in gedrängter Kürze diesen Leitfaden in die Hand zu geben, der, wird derselbe in allen seinen Theilen befolgt — ein nicht zu unterschätzender Rathgeber sein und vor vielen Gefahren und Prellereien bewahren wird.

Indem ich nun meinen Landsleuten dieses Buch übergebe, hege ich den Wunsch, daß dasselbe den Zweck erfülle, den ich beim Schreiben desselben im Auge hatte. Sie werden über Alles, was zur Auswanderung nothwendig ist, aufgeklärt, sämmtliche deutsche existirende Linien sind unpartheiisch und von keiner Seite beeinflußt, eingehend behandelt, ohne für die eine oder die andere Reclame zu machen; denn nur auf solche Weise glaubte ich die mir selbstgestellte Aufgabe lösen zu können.

Mögen denn die folgenden Zeilen ein treuer und gewissenhafter Rathgeber und Führer meiner deutschen Landsleute sein.

Berlin, im Juni 1870.

A. Blobel.

Staatsverträge

zwischen

dem Norddeutschen Bunde, dem Königreich Bayern, dem Königreich Würtemberg, dem Großherzogthum Baden, dem Großherzogthum Hessen und den Ver. Staaten von Nord-Amerika, die Regelung der Staats-Bürger-Rechte der Ausgewanderten betreffend.

(Abgeschlossen am 22. Februar 1868.)

Art. 1. Angehörige des Norddeutschen Bundes, welche naturalisirte Staats-Angehörige der Ver. Staaten von Amerika geworden sind und fünf Jahre lang ununterbrochen in den Ver. Staaten zugebracht haben, sollen von dem Norddeutschen Bunde als Amerikanische Angehörige erachtet und als solche behandelt werden.

Ebenso sollen Staats-Angehörige der Ver. Staaten von Amerika, welche naturalisirte Angehörige des Norddeutschen Bundes geworden sind und fünf Jahre lang in Norddeutschland zugebracht haben, von den Ver. Staaten als Angehörige des Norddeutschen Bundes erachtet und als solche behandelt werden.

Die bloße Erklärung der Absicht, Staats-Angehöriger des einen oder des andern Theils werden zu wollen, soll in Beziehung auf keinen der beiden Theile die Wirkung der Naturalisation haben.

Art. 2. Ein naturalisirter Angehöriger des einen Theils soll bei etwaiger Rückkehr in das Gebiet des andern Theils wegen einer, nach den dortigen Gesetzen mit Strafe bedrohten Handlung, welche er vor seiner Auswanderung verübt hat, zur Untersuchung und Strafe gezogen werden können, sofern nicht nach den bezüglichen Gesetzen seines ursprünglichen Vaterlandes Verjährung eingetreten ist.

Art. 3. Der Vertrag zwischen den Ver. Staaten von Amerika einerseits und Preußen und den anderen Deutschen Staaten andererseits, wegen der in gewissen Fällen zu gewährenden Auslieferung der vor der Justiz flüchtigen Verbrecher, welcher am 16. Juni 1852 abgeschlossen worden ist, wird hiermit auf alle Staaten des Norddeutschen Bundes ausgedehnt.

Art. 4. Wenn ein in Amerika naturalisirter Deutscher sich wieder in Norddeutschland niederläßt ohne die Absicht, nach Amerika zurückzukehren, so soll er als auf seine Naturalisation in den Ver. Staaten Verzicht leistend erachtet werden.

Ebenso soll ein in dem Norddeutschen Bunde naturalisirter Amerikaner, wenn er sich wieder in den Ver. Staaten niederläßt, ohne die Absicht, nach Norddeutschland zurückzukehren, als auf seine Naturalisation in Norddeutschland Verzicht leistend erachtet werden.

Der Verzicht auf die Rückkehr kann als vorhanden angesehen werden, wenn der Naturalisirte des einen Theiles sich länger als zwei Jahre in dem Gebiete des andern Theils aufhält.

Art. 5. Der gegenwärtige Vertrag tritt sofort nach dem Austausch der Ratificationen in Kraft und hat für zehn Jahre Gültigkeit. Wenn kein Theil dem andern sechs Monate vor dem Ablauf dieser zehn Jahre Mittheilung von seiner Absicht macht, denselben dann aufzuheben, so soll er ferner in Kraft bleiben bis zum Ablauf von zwölf Monaten, nachdem einer der contrahirenden Theile dem andern von einer solchen Absicht Kenntniß gegeben.

Das Ministerium des Innern erließ unterm 6. Juli 1868 folgendes Circular an sämmtliche Regierungen der Monarchie:

„Bei Abschluß des zwischen dem Norddeutschen Bunde und den Ver. Staaten von Nord-Amerika über die Staatsangehörigkeit der Ausgewanderten verabredeten Vertrages vom 22. Februar 1868 (Bundes-Gesetz-Blatt S. 288) hat die Absicht vorgewaltet:

daß in Gemäßheit des Artikels 2 dieses Vertrages die durch unerlaubte Auswanderung eines Bundes-Angehörigen nach den Ver. Staaten von Nord-Amerika verübte strafbare Handlung bei einer Rückkehr des Betreffenden in seine frühere Heimath nach mindestestens fünfjähriger Abwesenheit nicht zum Gegenstande einer strafrechtlichen Verfolgung gemacht und daß die dieserhalb event. bereits rechtskräftig erkannte Strafe nicht zur Vollstreckung gebracht werden soll, wenn der Rückkehrende in Amerika das Heimathsrecht in Gemäßheit des Artikels 1 des gedachten Vertrages erworben hat."

„Die Königliche Regierung wird demgemäß angewiesen, in den vorbezeichneten Fällen von dem Antrage auf Einleitung der Untersuchung und Bestrafung, sowie überhaupt von jeder Verfolgung Abstand zu nehmen, sobald der Betreffende den Nachweis zu führen vermag, daß er naturalisirter Angehöriger der Ver. Staaten von Nord-Amerika in Gemäßheit des Art. 1 l. c. geworden ist."

„Die betreffenden Justiz-Behörden werden von dem Herrn Justiz-Minister mit Anweisung versehen werden, überall da, wo rechtskräftige Verurtheilungen dieser Art gegen die bezeichneten Personen vorliegen, von Amtswegen über den Erlaß der erkannten Strafen und Kosten im Gnadenwege zu berichten."

Folgende, den Inhalt dieses Vertrages näher feststellende und erläuternde Bemerkungen entnehmen wir den bei Annahme desselben verhandelten Protokollen:

I. Zu Artikel 1 des Vertrages.

1) Nachdem die Copulative „und" gebraucht ist, versteht es sich von selbst, daß nicht die Naturalisation allein, sondern ein dazukommender fünfjähriger ununterbrochener Aufenthalt erforderlich ist, um eine Person als unter den Vertrag fallend ansehen zu können, wobei übrigens keineswegs erforderlich sein soll, daß der fünfjährige Aufenthalt erst nach der Naturalisation folgen müßte.

2) Die Worte: „ununterbrochen zugebracht" sind selbstverständlich nicht im körperlichen, sondern im juristischen Sinne zu nehmen, und deshalb unterbricht eine momentane Abwesenheit, eine Reise oder dergleichen keineswegs die fünfjährigen Frist, welche der Artikel 1 im Sinne hat.

II. Zu Artikel 2 der Vertrages.

Es wird anerkannt, daß eine nach Artikel 1 als Angehörige des anderen Staates zu erachtende Person bei ihrer etwaigen Rückkehr in ihr früheres Vaterland auch nicht wegen des etwa durch seine Auswanderung selbst begangenen Reates einer Strafe unterworfen werden kann und selbst nicht später, wenn sie die neuerworbene Staatsangehörigkeit wieder verloren haben sollte.

Insbesondere wird die im Bayerischen Wehrgesetze vom 30. Januar 1868, Artikel 10, Absatz 2 enthaltene Bestimmung, wonach denjenigen Bayern, welche vor Erfüllung ihrer Militärpflicht aus Bayern ausgewandert sind, der ständige Aufenthalt im Lande bis zum vollendeten 32. Lebensjahre untersagt ist, durch den Vertrag nicht berührt, doch wird constatirt, daß durch den in Artikel 10 gebrauchten Ausdruck „der ständige Aufenthalt" ohnehin schon derartig Ausgewanderten eine kürzere und zu bestimmten Zwecken unternommene vorübergehende Reise nach Bayern nicht untersagt ist und erklärt sich die Königlich Bayerische Staatsregierung überdies gern bereit, in solchen Fällen, in welchen die Auswanderung offenbar bona fide geschehen ist, eine milde Praxis eintreten zu lassen.

Würtembergischer Seits wird anerkannt, daß hiernach allen in Gemäßheit des Art. 1 des Vertrages als Amerikanische Staatsbürger anzuerkennenden früheren Würtembergern, welche vor oder nach angetretenem kriegsdienstpflichtigem Alter ausgewandert sind, neben dem Ansprüche auf Ausfolge ihres etwa sequestrirten Vermögens die straf- und kriegsdienstfreie Rückkehr in ihr früheres Vaterland offen steht, mit Ausnahme derjenigen ausgewanderten kriegsdienstpflichtigen Würtemberger, welche flüchtig geworden sind:

1) nach ihrer Einreihung in das active Heer und vor ihrer Entlassung aus demselben oder

2) nachdem sie a) im Falle einer Aufstellung der Streitmacht auf den Kriegsfuß mit ihrer Altersklasse zum Dienste aufgerufen, oder b) nach mitgemachter Musterung zum Contingent bezeichnet waren. Badischer und hessischer Seits soll ein nach Art. 1 als amerikanischer Staatsbürger zu erachtender früherer Badenser oder Hesse nach den betreffenden Gesetzen wegen Nichterfüllung der Wehrpflicht zur Untersuchung und Strafe gezogen werden können:

1) wenn er ausgewandert ist, nachdem er bei der Aushebung der Wehrpflichtigen bereits als Rekrut zum Dienste im stehenden Heere herangezogen war;

2) wenn er ausgewandert ist, während er im Dienst bei den Fahnen stand oder nur auf bestimmte Zeit beurlaubt war;

3) wenn er als auf unbestimmte Zeit Beurlaubter oder als Landwehrmann ausgewandert ist, nachdem er bereits eine Einberufungsordre erhalten oder nachdem bereits eine öffentliche Aufforderung zur Stellung erlassen oder der Krieg ausgebrochen war.

Dagegen soll ein in den Ver. Staaten naturalisirter früherer Badenser oder Hesse, welcher sich bei oder nach seiner Auswanderung durch andere als die in Ziffer 1 bis 3 bezeichneten Handlungen oder Unterlassungen gegen die gesetzlichen Bestimmungen über Wehrpflicht vergangen hat, bei seiner Rückkehr in sein ursprüngliches Vaterland weder nachträglich zum Kriegsdienst, noch wegen Nichterfüllung seiner Wehrpflicht zur Untersuchung und Strafe gezogen werden. — Auch soll der Beschlag, welcher in anderen, als den in Ziffer 1—3 bezeichneten Fällen wegen Nichterfüllung der Wehrpflicht auf das Vermögen eines Ausgewanderten gelegt wurde, wieder aufgehoben werden, sobald derselbe die nach Art. 1 vollzogene Naturalisation in den Ver. Staaten von Amerika nachweist.

III. Zu Artikel 4 des Vertrages.

Man ist darin einverstanden, daß dem Art. 4 nicht etwa die Bedeutung beizulegen ist, daß der naturalisirte Angehörige eines Staates, welcher in den anderen Staat, sein früheres Vaterland, zurückgekehrt ist und sich daselbst niedergelassen hat, hierdurch allein schon die frühere Staatsangehörigkeit wieder erlange, ebensowenig kann angenommen werden, daß der Staat, welchem der Ausgewanderte früher angehörte, verpflichtet sei, denselben sofort wieder zurückzunehmen; vielmehr soll hierdurch nur erklärt sein, daß ein auf solche Weise Zurückgekehrter das Staatsbürgerrecht seiner früheren Heimath wieder soll erwerben können, was von ihm eintretenden Falls in derselben Weise wie von Seiten anderer Fremden, nach Maaßgabe der dort geltenden Gesetze und Vorschriften zu geschehen hätte.

Jedoch soll es in seinem freien Ermessen liegen, ob er diesen Weg einschlagen oder seine früher erworbene Staatsangehörigkeit beibehalten will.

Haben Auswanderer noch Pässe nöthig oder nicht?

Diese Frage wird in den betreffenden Kreisen seit längerer

Zeit auf das Lebhafteste discutirt. Der „Königl. Preuß. Staats-Anzeiger" publicirt unterm 24. December 1869 folgende Bekanntmachung:

„Mit Rücksicht darauf, daß zufolge des §. 1 des Bundes-Gesetzes über das Paßwesen vom 12. October 1867 (Bundes-Gesetzblatt S. 33) Angehörige des Norddeutschen Bundes zum Ausgange aus dem Bundesgebiete keines Reisepapiers bedürfen, wird die Bestimmung im §. 3 des Reglements über die Geschäftsführung der zur Beförderung von Auswanderern concessionirten Personen ꝛc. v. 6. Septbr. 1853 (Min.-Bl. für die innere Verwaltung S. 201), „„daß Transport-Verträge nur mit solchen Personen abgeschlossen werden dürfen, welche sich durch den Besitz zur Zeit gültiger, von der competenten Behörde ausgestellter Auswanderungs-Consense oder wenigstens solcher Pässe legitimiren, welche für die beabsichtigte Reise gültig sind,"" hierdurch aufgehoben."

Berlin, den 1. December 1869.
Der Minister für Handel, Gewerbe und öffentl. Arbeiten.
Graf v. Itzenplitz.

Ueber Eigenthums-Erwerbung.

Nach dem Heimstättengesetz von 1862 kann jeder Einwanderer 160 Acker (à 1 2/3 Morgen) sogenanntes „Congreßland" gegen Anzahlung von 10 Dollars und 1/2 % des Kaufpreises erhalten, welcher letztere 1 1/4 Dollar pro Acker ausmacht und erst in 5 Jahren bezahlt zu werden braucht. Auf diese Weise ist es unbemittelten Landwirthen und Handwerkern möglich, sich in einigen Jahren bei Thätigkeit und Sparsamkeit ein ansehnliches Grundstück zu erwerben. Im Interesse derjenigen Personen, welche nach den Vereinigten Staaten auszuwandern gedenken, theilen wir nachfolgende Details mit:

Wer kann dies Land erwerben?

Jede Person, Bürger der Vereinigten Staaten oder Besitzer des ersten Papieres (Intentions-Erklärung), die nie gegen die Vereinigten Staaten Waffen getragen oder dem Feinde Vorschub geleistet hat, und entweder

1) Familienoberhaupt ist, oder doch
2) das 21. Jahr zurückgelegt hat, und

3) obgleich minderjährig, nicht weniger als 14 Tage in der Armee oder Flotte der Vereinigten Staaten gedient hat.

4) Personen, zur Zeit im Militair- oder Seedienste und dadurch verhindert, das Land selbst auszulesen und anzumelden, können durch ihre Frauen oder sonstige Stellvertreter das Land auslesen und anmelden lassen.

Der Anspruch datirt sich alsdann vom Datum der Anmeldung, und der Soldat oder Seemann ist der wirklichen Bewohnung auf die Dauer seiner Dienstzeit überhoben. Nach seiner Entlassung muß er jedoch sofort das Land beziehen und dasselbe für den Rest des vollen Zeitraumes von 5 Jahren, vom Datum der Anmeldung an, bebauen.

5) Personen, welche wegen Entfernung, körperlicher Gebrechen oder aus andern genügenden Ursachen sich nicht selbst beim Landamte anmelden können, dürfen ihre Anmeldung vor dem Gerichtsschreiber des County, wo sie wirklich wohnen, beschwören und mit den gesetzlichen Gebühren an die Beamten (Register und Receiver) des betreffenden Landamtes übersenden, vorausgesetzt, daß die Familie oder ein Glied derselben sich auf dem Lande befindet.

6) Wer sich (durch bloße erste Ansiedlung) ein Verkaufs-Recht erworben hatte und in den Land- oder Seedienst abgerufen wurde, kann sein Recht binnen 6 Monaten nach Ablauf seiner Dienstzeit durch Eingabe der erforderlichen Papiere geltend machen.

Was kann er erwerben?

Eine Viertel-Section, d. h. 160 Acker (oder kleineres Stück) des den Vereinigten Staaten gehörenden Landes, welches zur Zeit seiner Applikation um dasselbe zu 1 Doll. 25 Cts. per Acker oder weniger, dem Verkaufsanspruche offen, d. h. von Niemand anders in Anbau genommen und beansprucht ist — oder statt dessen 80 Acker oder weniger, des zu 2 Doll. 50 Cts. geschätzten Landes (welches die alternirenden Sectionen mit den für Eisenbahnzwecke 2c. geschenkten, begreift) — alles in einem Stücke und nach den gesetzlichen Abtheilungen der Ländereien und auf geometrisch vermessenen Ländereien.

Wer bereits Land besitzt, kann seinen Erwerb durch Beschlagnahme anstoßenden Landes bis auf 160 Acker erweitern.

Unter welchen Bedingungen?

Der Applikant muß bei dem Registrator des betreffenden

Landamtes seine Applikation eingeben (Blankets sind auf allen Landämtern zu haben), worin er das Landstück bezeichnet, welches er zu belegen wünscht. — Sollte der Ansiedler vor Erwerbung des Patentes sterben, so geht sein Recht auf seinen Gesetzes- oder Testamentserben über.

Statut
der Deutschen Gesellschaft in New-York.
Gegründet im Jahre 1784.
13. Broadway 13., New-York.

§ 1. der Statuten: „Die Deutsche Gesellschaft hat den Zweck, deutsche Einwanderer zu unterstützen und nothleidenden Deutschen und deren Nachkommen Hülfe zu leisten."

Die Deutsche Gesellschaft der Stadt New-York übernimmt seit dem 1. Mai 1868 die Besorgung der folgenden Geschäfte für deutsche Einwanderer und deren Freunde:

1) Das Uebersenden von Geld nach allen Plätzen Deutschlands, Frankreichs und der Schweiz, entweder durch Wechsel und Anweisungen, zahlbar bei Vorzeigung oder in Baar, selbst nach den kleinsten Ortschaften, frei in's Haus.
2) Die Besorgung von Passagescheinen für die Reise von Europa hierher und von hier nach Europa, sowie Vereinigte Staaten-Reise-Pässe.
3) Die Besorgung von Reisebilletten für Eisenbahnen oder Dampfschiffe in's Innere des Landes.
4) Das Umwechseln von Geld.
5) Das Ausstellen von Vollmachten.
6) Die Annahme von Vollmachten und die Besorgung der dadurch übertragenen Geschäfte. Einkassirung von Erbschaften, Vermögen rc.
7) Die Uebernahme und Beförderung von Packeten und Werthgegenständen rc.
8) Die Entgegennahme von Geldern in Europa zur Uebermittlung nach hier.

Die Gesellschaft bezweckt hierdurch, ihren Landsleuten einen zuverlässigen, prompten und billigen Weg für die Besorgung ihrer Geschäfte zu eröffnen. Sie wird für ihre Dienstleistungen nur so viel berechnen, als erforderlich ist, die dadurch entstehenden Kosten zu decken und einen Reserve-Fonds zu bilden, welcher für die Unterstützung hülfsbedürftiger Deutscher verwendet werden soll.

Die Gesellschaft ertheilt bereitwilligst jede Auskunft unentgeldlich; sie leistet jedoch keinen Vorschuß irgend einer Art und bedingt baare Zahlung für alle von ihr zu besorgenden Geschäfte.
Geschäfts-Lokal 13. Broadway 13.

Jeden Mittwoch und Sonnabend, zwischen 6—8 Uhr Abends, im Lokal der „Deutschen Sparbank," Ecke der 4. Avenue und 14 Straße.
Adresse für Briefe:
German Society.
Post-Box 4330.
New-York (City).

Wir laden hiermit unsere Landsleute ein, sich unserer Vermittlung für die Besorgung der oben angeführten Geschäfte zu bedienen und hoffen, daß derselbe häufig benutzt werden möge.
New-York, den 2. April 1870.
Die Deutsche Gesellschaft der Stadt New-York.
Willy Wallach, Sekretair.   Philipp Bissinger, Präsident.

Die Agenten der „Deutschen Gesellschaft der Stadt New-York in Europa".

Augsburg: Herr Max Obermayer, Ver. Staaten-Consul.
Basel: Basler Handelsbank.
Berlin: Herren Hardt et Comp.
Bremen: Herren Ludering et Comp.
Karlsruhe: Herr Ed. Koelle.
Köln: A. Schaffhausen'scher Bank-Verein.
Darmstadt: Die Bank für Handel und Industrie.
Frankfurt a. M.: Herr Aug. Siebert.
Hamburg: Herr J. Schröder.
Heidelberg: Herren Gebr. Zimmern.
Meiningen: Die Mitteldeutsche Credit-Bank.
München: Herr J. v. Hirsch.
Osnabrück: Herr C. Brensing.
Pforzheim: Herren Aug. Ungerer et Comp.
Prag: Herren Lippmann Söhne.

Stuttgart: Die Königl. Würtemberg. Hof-Bank.
Wien: Herren Lippmann Söhne.

Auswanderung im Allgemeinen.

Auswandern ist nichts Neues, so neu es für Jeden sein mag. Man sieht eigentlich nur die Getriebe des großen Menschenstromes darin, dessen Ufer sich in der Völkergeschichte durch Jahrtausende hindurchziehen. — Auswandern ist schwer und bleibt im besten Falle schwer — namentlich für ganze Familien — und wird entsetzlich schwer in schlimmen Fällen. — Schon in dem Momente, wo man von der Vaterstadt — dem Mutterdorfe — der Wiegenhütte Abschied nimmt, schmeckt man des Kelches Bitterkeit. Die Seele wird es inne bei'm letzten Blick zur altersgrauen Kirche unserer Jugend — nach dem stillen Kirchhof unserer Väter — in den treuen Augen der lieben Zurückgebliebenen. Wenn zum letzten Male die uns liebgewordene, alte Thurmuhr für uns „Zwölfe" schlägt, ach! — wie Viele wären da schon lieber zurückgeblieben — wenn sie nur gekonnt hätten! Als der Hafenplatz erreicht — das Schiff betreten — des Vaterlandes letzter Küstenstrich nach Wolkenart verschwunden — die hohe See gewonnen; — als der Wind heulte — das Meer brauste — das Schiff zitterte — der arme Pilger zagte — die Reisedrangsale sich mehrten — die rauhe Schiffskost zum Ekel ward — das Stück frisches Brod fehlte — das Wasser kein Wasser vom Brunnen war — wie Viele wären da umgekehrt — wenn sie nur gekonnt hätten! — Es braucht kein Brand des Schiffes zu kommen, wie der Brand der Hamburger Austria — man braucht nicht unterzugehen, wie der Dampfer Hibernia auf seiner letzten Reise im Sturme unterging. — Kein großer Leichenzug braucht sich aus des Schiffes Gange zu entwickeln, wie die beiden Liverpool-Schiffe England und Virginia, die mit gesunden Passagieren ausliefen, die günstigste Fahrt hatten und nach acht Tagen plötzlich zu gleicher Zeit unter den Deutschen die Cholera ausbrach. Zur Erklärung diene, daß im Zwischen-Deck je 1100 bis 1200 Auswanderer zusammengepfercht waren und das zweite, tief unter dem Wasserspiegel liegende Zwischen-Deck selbstverständlich unseren Landsleuten zukömmt. — Sieh' von dem Allen ab und so mancher Auswanderer geht auf seiner Reise aus der Zeit in die Ewigkeit; eine Wasserwoge wird dann sein Grab. —

Auswanderers Noth.

Schon oft ist in den Blättern ein Nothschrei und Hülferuf von den Auswanderern gehört worden über die Gefahren und teuflischen Nachstellungen, denen sie ausgesetzt sind, ehe sie oder indem sie die neue Heimath betreten.

Vielfach von betrügerischen Vorspiegelungen verlockt, beim Wechseln ihrer ersparten Gelder schmählich übervortheilt, fangen sie schon im Hafen an, ihre freudige Hoffnung zu verlieren und sich als Opfer überlegener List und raffinirter Bosheit zu fühlen. Diese Gauner und Blutsauger, die sich unter der Maske freundlicher Rathgeber den nur zu oft Rathlosen und durch ungewohnte Verhältnisse Eingeschüchterten zu Diensten anbieten, sind meistens Deutsche, denen es ja leicht wird, das Vertrauen des Landsmanns zu gewinnen. Sie umgarnen und umstricken die Verführten und lassen sie nicht früher los, bis ihnen das Letzte abgenommen ist. Dann bleibt der Aermste seinem Elende preisgegeben und der Räuber späht nach neuer Beute. Viele aus dieser schurkischen Zunft fahren beständig zwischen Amerika und Europa hin und her, den Auswanderer zu plündern, sie sind den Wirthen und Seeleuten gar wohl bekannte Persönlichkeiten und obgleich vor dieser Klasse von Leuten so oft gewarnt wird, immer noch machen sie oft reiche Beute bei dem deutschen Auswanderer.

Neben dieser systematischen Gaunerei ist die Sittenlosigkeit und Unzucht in den Hafenstädten ein fressender Krebsschaden.

So ist es denn kein Wunder, daß der Strom der Auswanderung, der in manchen Monaten täglich 5 bis 6000 Seelen nach New-York führt, hunderte und aber hunderte auswirft und liegen läßt, ruinirt an Leib und Seele.

Ich kann die Leser dieses Büchleins nicht genug bitten, wo sie Gelegenheit haben, Einzelne oder Familien vor ihrer Uebersiedelung zu sprechen, denselben ja zu empfehlen, sich nur an einen reellen Agenten zu wenden.

Die rechte Zeit.

Hat man sich einmal zur Auswanderung entschlossen, so wähle man auch die günstigste, die gelegenste Zeit, um über das Meer zu kommen und zur rechten Zeit an das Ziel zu gelangen.

Dadurch erspart man sich unendliche Drangsale, die im Winter durch große Kälte, im Sommer durch große Hitze erzeugt oder doch bedeutend erhöht werden. Ich habe noch nirgends solche Noth gesehen, als gerade unter Einwanderern, welche zur Winterzeit in amerikanische Häfen einliefen. — Zur Sommerzeit, wenn sie unter der glühenden Julisonne die Ufer der neuen Welt betreten, sind sie schon zu Dutzenden todt niedergesunken. Schlimm ist es namentlich für Väter und Mütter, die von einem Häuflein kleiner Kinder umgeben sind, die alle versorgt sein wollen in guter und böser Zeit. Das Alles wird um so schlimmer für mittellose Einwanderer, je größer die Arbeitslosigkeit Mitte Sommers wie Winters ist. Selbst Verwandte, wenn sie Hülfe senden wollen, schreiben oft zur Winterzeit: „Wir können jetzt weder helfen, noch Geld schicken, wir haben selbst keinen Verdienst und sind in Noth; im Frühjahr geht der Verdienst wieder los; nehmt Arbeit in New-York, welche ihr erhalten könnt." Da hilft denn kein Erstaunen, weil dieselben Freunde früher Hilfe versprochen hatten; da muß denn der saure Gang nach dem Armenhause angetreten werden, um darin den ganzen Winter auszuhalten. — Darum sage ich: „Sorget bei möglichst guter Zeit zu landen, wenn Arbeit in Stadt und Land anfängt oder doch im Schwunge ist, damit ihr vor solchem „Wehe" bewahrt bleibt." Wann das nun ist, kann ein Jeder sich schon nach heimischen Verhältnissen berechnen, die hierin so ziemlich zusammenfallen mit den amerikanischen, vorzüglich in den jetzigen Tagen, wo beide Erdtheile durch Telegraphen verbunden sind.

Welchen Einschiffungshafen soll ich wählen?

Soll ich über Hamburg gehen? Meine Schritte nach Bremen oder Stettin lenken? (Stettin, welches seit dem 2. April d. J. ebenfalls eine directe Dampfschifffahrts-Linie, der „Nordamerikanische Lloyd", eröffnet hat, bietet den Auswanderern der östlichen Provinzen bedeutende Vortheile dar*). Zur Ueberfahrt

---

*) Auswanderer, welche über Stettin reisen, sparen gegen Hamburg und Bremen an Seepassage pro Person 5 Thlr.; an Eisenbahn-Passage von Stettin, Ost- oder West-Preußen, Pommern ꝛc. mindestens 7—8 Thlr.; an Zehrung und Logis 4—5 Thlr. Die Stettiner Linie bietet noch den Vortheil, daß man keine Matratzen und Betten braucht, indem Jeder eine Hängematte (standies) zur Benutzung vorfindet.

hat man sich nur an den Consul Herrn C. Messing, dem Haupt-Unternehmer dieser neuen Linie, Stettin, Dampfschiffs-Bollwerk 3, zu wenden, der bereitwilligst jedem Anfragenden die genaueste Auskunft ertheilt). Ueber Liverpool mich schicken lassen? Oder nach Havre? Welches ist der schnellste und billigste? Die Antwort ist: „Nur von einem deutschen Hafen." — Von Hamburg oder Bremen ist schwer zu bestimmen, ob das Eine oder das Andere vorzuziehen ist. Jedenfalls rathe ich nur aus eigener Anschauung diese drei Linien, der „Norddeutsche Lloyd in Bremen," die „Hamburg-Amerikanische Packetfahrt-Aktien-Gesellschaft" und der „Nord-Amerikanische Lloyd in Stettin" als auf gleich solider Basis beruhend, zu benutzen.

Die Vorbereitung.

a. Billets.

Das Erste ist, wenn man sich zur Auswanderung entschlossen, einen legalen Reise- oder Auswanderungspaß von seiner betreffenden Ortsbehörde zu besorgen, denn der betreffende Haupt-Agent darf nur gesetzlich expediren, wenn man mit solchem Reisedokumente versehen ist; das zweite: einen Platz auf dem Schiffe, ob Segel oder Dampfer, mit einem Handgelde (bei Segelschiffen 20 und bei Dampfern 30 Thlr.) zu sichern. Für die gewöhnlichen Leute aus der Provinz ist es gut, sich eines reellen General- oder Haupt-Agenten zu bedienen.—Es giebt leider Gottes Agenten, die, so lange sie ein derartiges Geschäft in Händen haben, ihr Schäflein scheeren. Unter allerlei Vorspiegelungen müssen die Auswanderer noch dieses und jenes bezahlen, bis sie fast ganz mittellos geworden sind. Zieht nichts mehr, so müssen sie nachbezahlen, weil der Transport-Preis inzwischen höher gegangen ist. Selbst in den Hafenstädten geschieht dies in ganz nichtswürdiger Weise, so daß ganze Auswandererfamilien bei ihrer Landung mitunter ganz entblößt ankommen; obgleich sie glaubten, noch einen baaren Ueberschuß von 50 bis 100 Thlr. zu haben. Sei man ja vorsichtig in der Wahl der Auswanderungs-Agenten und hat man keinen zuverläßigen, so wende man sich lieber an die alten, durch ihren guten Ruf bewährten Schiffs-Compagnien in Hamburg, Bremen und Stettin oder an deren Haupt-Agenten. Ferner sei man ja vorsichtig mit Hôtel- und

Wirthshauskarten, welche man von Agenten oder Umherstreichern empfängt, die auf den Auswanderungs-Straßen herumlungern. Das ganze System ist gleich einem Ringe, der sich gegenseitig mit Procenten bezahlt, um sich in die Hände zu arbeiten. Diese ganze ehrenwerthe Gesellschaft erstreckt sich vom Binnenlande nach dem Hafenplatze New-York, von New-York nach den Binnenstädten des ganzen Amerika's. Selbst unter der Schiffsmannschaft befinden sich dienstbare Geister; sogar in Castle-Garden, wo's durchaus reell zugehen soll, theilen oft Unter-Beamte Karten aus für die und die Gasthäuser im Binnenlande. Mit welcher Freundlichkeit dies auch geschieht, so sei man ja auf seiner Hut. Jeder, der solche Leute zuschickt, erhält einen gewissen Prozentsatz oder hat wenigstens freie Zeche dafür. Haupt-Regel ist, und zwar mit wenigen ehrenvollen Ausnahmen, die auf der andern Seite aber soweit geht, daß jeder Wirth, der seinen Gasthof an der Auswanderungs-Straße liegen hat, den Auswanderer so lange als „sein Eigenthum" betrachtet, ein Dazwischensprechen verbietet, so lange man seine Karte in der Tasche hat.

b. Die Kisten.

Die Kisten, worin man seine Reiseutensilien verpackt, dürfen nicht ungeschickt groß sein. Sie werden durch den Transport zu schwer, erzeugen auf der Reise, per Bahn oder auf See, so ungewohnte Schwierigkeiten; vorzüglich werden so große Kisten und Kasten beim Verladen mehr geworfen. Durch die eigene Schwere, des Stoßes und des Falles Kraft brechen sie gewöhnlich in Stücken. Die Unannehmlichkeiten, Verluste und Ausgaben, die dadurch entstehen, nehmen oft kein Ende. Am besten sollten die Kisten nicht größer als drei Fuß in Quadrat, lieber kleiner als größer, von gutem starken Holz gemacht sein, denn sie haben Wurf und Stoß auszuhalten, ehe sie ihr Ruheplätzchen in einer Hütte des neuen Vaterlandes erhalten. Ferner soll man nicht die Deckel vernageln oder zuschrauben, wie sich dies oft bei der Landung zeigt. Am besten ist es, ein paar gute eiserne Bänder über den Deckel zu befestigen, mit zwei guten Vorlegeschlössern oder eingelassenem Schloß zu versehen. Zu allen diesen Gegenständen nehme man ja gute und nicht schlechte Waare!, weil dies am unrechten Orte sparen hieße.

c. Die Koffer.

Von den Koffern ist dasselbe zu sagen; sie müssen dauerhaft und gut gearbeitet sein, um alle Stöße zu ertragen, welche auf solcher Reise unausbleiblich sind. Jedenfalls wird man es nie zu bereuen haben, wenn man dem alten Sprüchwort folgt: „Besser bewahrt, als beklagt."

d. Säcke.

Sehr viele Auswanderer brauchen Säcke, in die sie Mancherlei einpacken. Bei den Landleuten ist es Sitte, die Betten in Säcke zu nähen. Ich kann dazu nicht rathen. Gelingt es, daß man dieselben an Ort und Stelle bringt, so sind es Glücksumstände. Es sind mir Fälle bekannt, wo denselben arg mitgespielt worden ist. Die werthvollen Betten sind erstens in Säcken vor Nässe nicht geschützt; zweitens reißt ein Sack zu leicht bei dem vielen Umherwerfen; drittens haben Spitzbuben (durch einen Messerschnitt) die beste Gelegenheit zum Stehlen; der zerstörenden Arbeit der Ratten auf den Schiffen und Lagerplätzen nicht zu gedenken.

e. Verpackungen.

Was man für die Reise nicht gebraucht, packe man Alles in die beschriebenen Kisten. Was man auf dem Schiffe gebraucht, bringe man in den Koffer. Die kleinen Nothwendigkeiten für unterwegs stecke man in die Reisetasche. Werthvolle Gegenstände, als Schmuck- und Goldsachen 2c. übergebe man dem Capitain des Schiffes.

f. Die Beförderung.

Ueberall sei man selbst am Platze, wo es sich um die eigenen Sachen handelt. Ein Auswanderer, den Jeder gewissenlos behandeln kann, weil er sich vor den Folgen seines Treibens sicher weiß — bleibt eben schutzlos — trotz aller Schutzgesetze — schutzlos, weil kein Gesetz da ist, das die Gesetze für seinen Schutz ohne Weiteres in Kraft treten läßt. Darum ist die einzige Hülfe, die man hat — die Vorsicht, die vor diesem Uebel bewahrt.

g. Die Zölle.

Nach dem letzten Erlaß von Washington (11. Mai 1869)

sind die Zollbeamten angewiesen worden, möglichst liberal mit dem Einwanderer zu verfahren. Das Gesetz sagt buchstäblich: „Daß alle Sachen verzollt werden müssen, die man nicht selbst für ein Jahr lang gebraucht hat."

Die Hauptsache ist, gute Sommer- und Winterkleider, gute Wäsche und Schuhwerk mitzunehmen. Geräthe und Werkzeuge rathe ich ich nicht mitzunehmen, da dergleichen in allen Hafenstädten reichlich nach dasiger Art und Sitte vorhanden sind.

h. Die Adresse.

Die hat man doch, sollte man meinen? Jeder weiß doch, woher er kommt und wohin er will? Und doch sind mangelhafte Adressen eine Quelle unsäglichen Elends. Darum rathe ich vorzeitig: verschaffe Dir ja genaue Adressen, damit es Dir nicht so geht, wie jener Familie, wovon ich Augenzeuge war. Diese Familie wollte nach „Jron Ridge", ausgesprochen wird es „Eiron Ridsch" im Staate Massachusetts, — auf dem Briefe stand „Einricht", weiter nichts. Darum ist es Hauptsache, auch den Staat hinzuzufügen. Aber solch ein Staat ist immer noch so groß, daß zwei, drei und mehrere Orte gleichen Namens darin liegen können. Darum ist es nothwendig bei richtiger Adresse noch den Namen des Kreises, „Counti", hinzuzufügen. Die volle Adresse dieses Ortes würde heißen müssen: Jron Ridge, Dodge Co., Mass. Also zu einer richtigen Adresse gehört, daß man sich, ehe man seine Reise antritt, die Namen von Ort, Kreis und Staat senden läßt, und zwar von einem Manne geschrieben, der der englischen Sprache kundig ist. Die deutschen Verwandten in Amerika verstehen es ja selbst nicht, und schreiben den ungefähren Wortlaut so, wie er ausgesprochen wird, nach deutschen Lauten. Da kommen denn natürlich Namen heraus, vorzüglich wenn es daheim im alten Vaterlande noch einmal abgeschrieben wird, aus denen in Amerika Niemand klug werden kann.

i. Die Gelder.

Diese gut und sicher zu besorgen, ist ebenfalls eine große Hauptsache, weil sie gerade die verbotene Frucht bilden, nach der Alle ihre lüsternen Blicke erheben, die der Auswanderer zu passiren hat, und alle Kunstgriffe der Gauner, die in allerlei Gestalten den Auswandererweg durchkreuzen. Selbst in Kaufmannsröcken oder Beamtengestalten treten sie vor den Auswanderer, um mit ihm Wechselgeschäfte nach dem neuen Vaterlande zu machen, bei deren Präsentation später sich findet, daß man schmählich betrogen ist. Kann man solide Wechsel auf „Sicht", nicht 3 Tage grace (Frist), erhalten, so ist es gut. Am besten und gerathensten ist, sich an die europäischen Agenten der „deutschen Gesellschaft in New-York", alte, ehrenhafte Bank-Firmen, zu wenden oder man übergiebt seine Gelder dem Zahlmeister des Schiffes oder dem Capitain in Verwahrung.

k. Die Hülfsgelder.

Viele erhalten Hülfsgelder aus Amerika von Verwandten, damit sie dorthin kommen können. Sehr oft geschieht dies in einem Passagierbillet für den Dampfer oder Segelschiff. Damit ist man versorgt, um von Land zu Land zu kommen. „Bist Du oder seid Ihr nur erst in New-York — schreiben die Verwandten weiter — so hat es keine Noth mehr. Das Reisegeld findest Du dort vor." — Und mit solch' einem Brief in der Tasche kommt der Auswanderer ganz sorglos in's fremde Land. In Castle Garden frägt er: Ist Geld für mich hier? Nein, ist die kurze Antwort, die er bei Nennung seines Namens erhält. Bei der Deutschen Gesellschaft mag's ebenso gehen und die gleiche Antwort erhält man überall, wohin man die Schritte lenken mag. „Ja, es soll doch hier sein!" — „Aber wo soll's denn sein? Wie heißt die Office? Der Mann? Die Straße? Die Hausnummer?" — „In New-York soll es sein!" so steht es in dem Briefe, aber weiter nichts. New-York ist aber eine Welt für sich, da giebt's Agenten an allen Ecken und Enden. Nun muß der arme Einwanderer in's Emigranten-Armenhaus, muß warten, bis er Nachricht erhält. Nach Wochen oder Monaten ist es durch Hin- und Herschreiben klar geworden, wo das Geld liegt.

l. Der Empfehlungs-Brief.

Derartige Briefe sind gut, wenn man sie hat. Sie zeugen von ehrlicher Auswanderung. Verläßt man sich aber auf solche Empfehlungen, so ist man verlassen genug; denn das Haupt-Sprüchwort des Amerikaners ist: „Hilf Dir selbst!" Und dennoch sind sie nicht nutzlos!

m. Das Zeugniß.

Dasselbe gilt von den Zeugnissen, die über den Charakter Aufschluß geben. Im Irrthum ist man, wenn man glaubt, daß Zeugnisse in Amerika nichts werth sind.

m. Aufträge.

Mit Commissionen oder Aufträgen sich zu befassen, würde ich dem Auswanderer gar nicht rathen, denn sind's neue und steuerbare Gegenstände, so verwickeln sie ihn leicht mit den Zoll-Beamten und stürzen ihn in Schereien und Auslagen. Sind's Packete, die er in New-York abgeben soll, so erwächst ihm ein unnützer Aufenthalt; unter den besten Umständen hält es doch einen oder zwei Tage auf, was so und so viel Dollars kostet.

Die Reise.

a. Der Aufbruch.

Es mag wohl sein, daß die Vorbereitungen zur Reise Dir leicht geworden sind. Hat doch schon so Manchem das Auswanderungsfieber so gluthvoll erfaßt, daß ihm Alles im rosigsten Lichte erschien. — Wenn der Reisekram zusammengepackt, die Bibel und das Gesangbuch sein Plätzchen gefunden, der Deckel geschlossen, — wenn die Abschiedsstunde schlägt — der Moment gekommen, der Dich von Deinen Lieben reißt, — was Alles in dem süßen Worte „Heimath" liegt, — dann wird man es inne, daß man verlassen ist — verlassen von allen Lieben. —

Noch einmal erinnere ich Dich, habe die Augen offen; denn sobald das Vaterhaus in Deinem Rücken liegt und das letzte „Behüt' Dich Gott" gewechselt, so bist Du allein auf Dich angewiesen — und auf der großen Auswanderungsstraße ist man von Gaunern aller Arten und Gestalten umgeben.

b. Die Hafenstadt.

Fast noch mehr als von der Reise gilt dieser Mahnruf, denn die verborgenen Klauen der Gauner erstrecken sich nur auf Deine paar Reisethaler, die man unter allerlei Vorwänden zu erlangen versucht.

c. Die Wirthshäuser.

Die Emigrantenhäuser stehen alle mehr oder weniger unter der Controle der Auswanderungsbehörden — es ist daher ganz gleichgültig in welches man von diesen Häusern geht. —

d. Die Wirthshaus-Preise.

Am besten ist es, sich gleich die Preisliste geben zu lassen. Namentlich gilt das von Plätzen, die an der großen Auswanderungsstraße liegen. Ich lasse daher, zum Anhalt für den Auswanderer, wie zur Berechnung der Ueberschlags-Reise-Kosten, die Preisgesetze der drei Haupt-Auswanderungs-Plätze, Hamburg, Bremen und Stettin folgen. (Da Stettin keine priv. Auswanderungshäuser hat, so wende man sich an den Haupt-Unternehmer dieser Linie, den Consul Hrn. C. Messing, Dampfschiffs-Bollwerk Nr. 3 in Stettin, der bereitwilligst jede bezügliche Auskunft ertheilt.)

Preise in Hamburg.

Folgendes sind die Preise, die von der Auswanderungs-Behörde festgesetzt sind.

I. Klasse.

a. Für Kost und Logis.

Preis für Erwachsene: 1 Mrk. 8 Schill. Cour. = 18 Sgr.

Verabfolgt wird:
ein gutes Bett; Morgens Kaffe, Zucker, Milch mit Weißbrod; Mittags: Suppe, Gemüse und Braten 2c.; Nachmittags: Kaffee, Zucker, Milch nebst Weißbrod; Abends: Kaffee oder Thee mit Zucker oder Milch nebst Zubrod (oder statt dessen warmes Essen.)

II. Klasse.

Preis für Erwachsene: 1 Mrk. 2 Schill. Crt. = 13½ Sgr.

Gegeben wird:
ein gutes Bett; Morgens: Kaffee, Zucker und Milch nebst Weißbrod; Mittags: Suppe, Gemüse und Fleisch: Nachmittags: Kaffee, Zucker und Milch; Abends: Kaffee oder Thee mit Zucker und Milch nebst Weißbrod.

III. Klasse.

Preis für Erwachsene: 14 Schill. Crt. = ca. 10½ Sgr.

Gegeben wird:
Nachtlager (Matratze); Morgens: Kaffee, Zucker, Milch

nebst Weißbrod; Mittags: Suppe, Gemüse und Fleisch; Abends: Kaffee oder Thee, Zucker, Milch mit Weißbrod.

Diese Preise gelten nur für vier und zwanzig Stunden Aufenthalt.

Sämmtliche Auswanderungswirthe haben die Verpflichtung, Auswanderern III. Klasse zu dem angegebenen Preis bei sich aufzunehmen.

b. Für Gepäck-Transport:

Vom Bahnhofe.

Für die Beförderung des Auswanderungs-Gutes vom Berliner Bahnhofe nach dem Logirhause werden pro 100 Pfd. die gesetzlichen Preise von 4 resp. 5 Schill. = 3—3¾ Sgr. und vom Lübecker Bahnhofe 5 resp. 7 Schill. = 3¾—5¼ Sgr. erhoben.

Zum Schiffe.

1) Aus den Logirhäusern an Bord der Schiffe à 6 Schill. pro 100 Pfd;

2) für die in den Leichter-Dampfern erfolgende Beförderung an Bord der Seedampfer à Person 1 Schill.

Dem Auf- und Abladen des Gutes ist persönlich beizuwohnen.

c. Für Schiffs-Bedürfnisse:

Blech-Geschirr.

	Für 1 Person	Für 2 — 4 Personen.
1 Trinkbecher	2 Schill.	
1 Wasserflasche	5 „	10 — 12 Schill.
1 Putterdose	3 „	4 — 5 „
1 Eßschüssel	4 „	8 — 11—14 „
1 Waschschüssel	6 „	
1 Nachtgeschirr	12 „	
1 Messer u. Gabel	4 „	
1 Löffel	1 „	
Summa	2 Mrk. 8 Schill. = ca. 27½ Sgr.	

Matratzen und Kissen:

einschläfrige ca.	2 Mrk. 4 Schill. =	Thlr. 27 Sgr.
zweischläfrige	3 „ 12 „ =	1 „ 15 „
dreischläfrige	5 „ — „ =	2 „ — „

Stepp-Decken.

für 1 Person ca.	3 Mrk. 8 Schill. =	1 Thlr. 12 Sgr.
für 2 Personen	5 „ — „ =	2 „ — „
für 3 Personen	6 „ — „ =	2 „ 12 „

Wollene Decken:
für 1 und mehrere Personen von 2 Mrk. 8 Schill. bis 3 Mrk. 4 Schill. ꝛc.

Extra Proviantkisten von 2 Mrk. 8 Schill. ꝛc.

Preise in Bremen.

Folgendes sind die Preise, welche von der Auswanderungs-Behörde festgesetzt sind.

a. Für Beköstigung.

I. Klasse.

Preis für Erwachsene: 14 Ggr. = $17\frac{1}{2}$ Sgr.; für Kinder unter 10 Jahren die Hälfte; Säuglinge frei.

Gegeben wird:
ein gutes Bett; Morgens: Kaffee, Zucker, Milch nebst Weißbrod; Mittags: Fleischsuppe (Gemüse mit Fleisch); Abends: Kaffee oder Thee, Zucker, Milch nebst Butter und Brod oder statt dessen warmes Essen.

II. Klasse.

Preis für Erwachsene: 10 Ggr. = $12\frac{1}{2}$ Sgr.; für Kinder unter 10 Jahren die Hälfte; Säuglinge sind frei.

Gegeben wird:
ein gutes Bett, Morgens Kaffee mit Zucker und Milch nebst Weißbrod; Mittags: Fleischsuppe. Fleisch und Zugemüse; Abends entweder Thee oder Kaffee mit Zucker und Milch nebst Butter und Brod, oder warmes Essen.

III. Klasse.

Preis für Erwachsene: 10 Ggr. = $12\frac{1}{2}$ Sgr.; für Kinder unter 10 Jahren die Hälfte; Säuglinge frei.

Gegeben wird:
Nachtlager (Matratze); Morgens: Kaffe, Zucker nebst Milch; Mittags: wie in der I. Klasse; Abends: Thee oder Kaffee, mit Zucker oder Milch.

Diese Preise gelten nur für vierundzwanzig Stunden. Besondere Leistungen sind nach Vereinbarung besonders zu vergüten.

b. Für Gepäck-Transport:

Vom Bahnhofe oder vom Landungsplatze der Ober-Weser-Dampfschiffe bis zum Gasthause und vom Gasthause bis zum Abgangsorte des Unter-Weser-Dampf-Schiffes, also für beide Transporte zusammen:

Bis zu 100 Pfd. nie mehr als 2 Ggr. (2½ Sgr.) —
von 100 — 400 Pfd. werden nie mehr als 4 Ggr. (5 Sgr.)
— für jede 100 Pfd. über 400 Pfd. werden nie mehr als
1 Ggr. (1¼ Sgr.) bezahlt.

Alle mit dem Nachweisungs-Bureau in Verbindung stehenden Logirwirthe sind verpflichtet, auf Verlangen der Auswanderer die Expedition des Gepäcks und sonstiger Effekten gegen die gedachten Taxpreise zu übernehmen; indeß ist es rathsam, persönlich auf seine Sachen zu achten.

c. Für Schiffsbedürfnisse:

Blechgeschirr für eine Person.	Pr. Crt.	Matratzen mit Stroh.	Pr. Crt.
1 Eßmenage	4 Ggr.	einschläfrige	—Thl. 12—15 Sg.
1 Trinkbecher	1 „	zweischläfrige 1 „	—
1 Trinkflasche	3 „	bis 1 „	6 „
1 Butterdose	2 „	*mit Seegras*	
1 Kaffeekanne	2—3 „	einschläfrige 1 „	2 „
1 Waschschale	2—3 „	bis 1 „	16 „
Löffel u. Gabel	1½—3 „	zweischläfrige 3 „	— „
1 Nachtgeschirr	4 „	bis 3 „	8 „
		1 Kiste (Proviant)	16 „

Andere Bestimmungen.

Eine andere Verordnung fällt hier ein, auf die ich namentlich junge Frauenzimmer aufmerksam machen möchte. Das Gesetz schreibt vor, daß die Geschlechter der unverheiratheten Personen in den Logishäusern getrennt werden, und jeder Theil seinen eigenen Schlafsaal bekomme. Man lasse sich also nicht mit Krethi und Plethi zusammen treiben für die Nächte, wie's nur zu oft geschehen ist. Ueberhaupt sind die Schlafzimmer zum Theil so eng und überfüllt, daß ich die Behörden auf diesen Uebelstand aufmerksam machen möchte, damit er beseitigt werde. Eine andere Verordnung lautet: „Von dem kontraktlich festgesetzten Tage der Abfahrt im Hafenplatze an beginnt sofort freies Logis und freie Beköstigung, entweder am Bord des für die Passage bestimmten Schiffes, oder im Fall einer Verzögerung für Rechnung der Rheder oder der Expedienten entweder in dem von ihnen anzuweisenden Logishause oder durch eine Vergütung in Baarzahlung."

Geldwechsel.

Hier in der Hafenstadt taucht auch die Geldwechsel-Frage auf. Viele zwar haben's schon in Hauptstädten des Binnenlandes gethan. Ich habe aber noch immer gefunden, daß man sehr schlecht dabei gefahren. Selbst die Auswanderer-Behörden rathen hier zum Geldwechseln und geben zuverlässige Häuser zu dem Ende an. Und wer sein Geld hier wechseln will, der wechsele es ja nirgend sonst als in solchen bekannten Häusern.

Allgemeine Bestimmungen für Dampfschiffe.

Erste Cajüte oberer Salon.

Der volle Passagepreis ist für jede Person, Kinder nicht ausgenommen, zu entrichten, sobald ein separates Bett in den Cabinetten beansprucht wird.

Kinder bis zu 10 Jahren, sofern dieselben eines der zu diesem Zwecke vorhandenen Sophabetten oder zwei ein Bett benutzen, zahlen die Hälfte des Passagepreises; Säuglinge, sofern kein separater Platz für sie beansprucht wird, nur 3 Thaler Preußisch Courant.

Außer den Cabinetten zu zwei festen Betten sind noch einige Cabinette für 4 Personen eingerichtet. Sämmtliche Cabinette umgeben den obern Salon und sind mit gleicher Eleganz und Bequemlichkeit ausgestattet.

In vorstehenden Preisen ist inbegriffen: Vollständige Beköstigung und Bedienung, Bettzeug, Handtücher u. s. w., kurz Alles und Jedes, mit alleinigem Ausschluß von Wein, Bier und sonstigen Getränken, wofür nach dem am Bord befindlichen Tarif separat bezahlt wird.

Die Beköstigung ist, wie auf einem Dampfschiffe ersten Ranges erwartet werden muß, worüber das Speisereglement Näheres besagt.

Domestiken, welche bei ihren Herrschaften in den Cabinetten logiren, haben ihre Mahlzeiten in diesen zu halten und dürfen den Salon nicht benutzen, sie zahlen zwei Drittheile des Passagegeldes.

Erste Cajüte unterer Salon.

Kinder bis zu 10 Jahren zahlen, falls zwei ein Bett benutzen, nur die Hälfte des Passagepreises; Säuglinge bis zum Alter von 1 Jahr zahlen 3 Thaler Preußisch Courant.

In den Passagepreisen ist inbegriffen: Vollständige und angemessene Beköstigung nach näherer Angabe des Speisereglements; desgleichen Eß-, Trink- und Waschgeschirr, Matratzen, Kopfpfühl und Bettdecken, sowie Bettwäsche und Handtücher.

Die Schlafkammern, welche in der Regel für 6 Personen eingerichtet sind, umgeben sämmtlich den untern Salon, welcher zum gemeinsamen Wohnzimmer dient. — Die Bedienung ist eine vollständige. Die Kajüten werden geheizt.

Zwischendeck.

Kinder unter 10 Jahren zahlen die Hälfte des Passagepreises; Säuglinge bis zum Alter von 1 Jahr zahlen 3 Thlr. preuß. Crt.

In den Passagegeldern ist reichliche und nahrhafte Beköstigung nach Vorschrift des Gesetzes inbegriffen, nicht aber Betten, Bettzeug, Eß-, Trink- und Waschgeschirr.

Es ist ferner die Einrichtung getroffen, daß den Passagieren des Zwischendecks täglich frisch gebackenes Weißbrod verabreicht wird.

Das fast 8 Fuß hohe Zwischendeck ist durch Seitenfenster ventilirt und erhellt und im Winter geheizt. Vier Stewards sind angestellt zur Ueberwachung der Ordnung und Reinlichkeit.

Allgemeine Bestimmungen für Segelschiffe.

Passage-Preis: I. Cajüte nach New-York und Quebeck für Erwachsene: 75 Thlr., für Kinder; 50 Thlr. — II. Cajüte: nach allen nordamerikanischen Plätzen: 5 Thlr. pro Person höher als im Zwischendeck. Die Preise im Zwischendeck gehen von 30 bis 35 Thlr. und höher hinauf, wenn der Andrang groß ist.

Die Ueberfahrt-Preise sind mit Einschluß der Beköstigung und des amerikanischen Kopf- oder Armengeldes einbegriffen.

Kinder unter einem Jahr zahlen nur 3 Thlr. amerik. Kopfgeld. Das Alter der Kinder ist durch Taufschein nachzuweisen; für solche, wo dies nicht geschieht, ist das volle Passage-Geld zu entrichten.

Reise-Gepäck.

An Reise-Gepäck hat ein jeder Passagier frei: 20 Cubikfuß; Kinder und Domestiken die Hälfte.

Da der Abgang der Schiffe am bestimmten Tage stattfindet, so muß mindestens 24 Stunden vor Abgang des Schiffes alles Gepäck gegen Quittung des Meßzettels abgeliefert werden.

Da Cajütspassagiere können nur Handkoffer, Mantel- oder Reisesäcke bei sich behalten; alles größere Gepäck muß im Raume verstaut werden.

Der Verordnung gemäß muß das Passagiergeld der Zwischendecks-Passagiere versichert werden. Diese Versicherung besorgt die Direktion auf Kosten der Gesellschaft. Auf Cajütspassagiere hat dieses Gesetz nur bis zur Höhe des Zwischendeckpreises Anwendung und haben diese eine Mehrversicherung, falls sie solche beabsichtigen, selbst zu veranlassen. Die Versicherung der Effekten haben die Passagiere auf eigene Kosten zu beschaffen, dieselbe geschieht gegen eine Prämie von ½ Prozent.

Gegenseitige Verpflichtungen.

Die erste Cajüte der Segelschiffe ist auf das eleganteste eingerichtet, mit geräumigen Schlafcabinetten versehen. Kost am Tische des Capitains reichlich; dieses und ein gutes Bett, sowie Handtücher ꝛc. sind in dem Passagepreis mit inbegriffen. Wein, Bier ꝛc. muß Jeder sich selbst halten. — Die zweite Cajüte und das Zwischendeck, hoch und nach den neuesten Verordnungen ventilirt, sind Abends erleuchtet; die Passagiere haben für Bett und Decken, Wasch-, Eß- und Trinkgeräth zu sorgen.

§ 1. Ein jeder Auswanderer, der sich die Fahrt sichern will, hat ein Angeld von 25 Thlrn. für die I. Cajüte und 10 Thlrn. für die II. Cajüte und das Zwischendeck franko einzusenden, welches vom Passagegelde abgerechnet wird und wogegen der Passagier einen Aufnahme-Contract erhält. (Für Australien ist das Doppelte einzuzahlen.)

§ 2. Die Passagiere sind bei Verlust des Draufgeldes verpflichtet, sich 2 Tage vor dem festgesetzten Abgangstage auf dem Einschiffungs-Comptoir sich einzufinden und den Rest des Passagegeldes zu zahlen; bei erwiesen plötzlich eingetretenen Krankheitsfällen wird bis zur Wiedergenesung des Betreffenden der Contract prolongirt.

§ 3. Die amerikanischen Gesetze, in Bezug auf Zulässigkeit der ankommenden Einwanderer, gelten auch hier.

§ 4. Sollte durch eingetretenen Frost oder andere Unglücksfälle der Abgang eines Schiffes verhindert werden, so kann durch

Rückzahlung des Passagegeldes der geschlossene Contract aufgehoben werden.

§ 5. Passagiere, welche den Abgang des Schiffes versäumen oder den Passageschein an Andere verkaufen, verlieren dadurch alle Ansprüche.

§ 6. Die Ausrüstung und Verproviantirung der zu expedirenden Schiffe geschieht unter Aufsicht der Auswanderungs-Behörde; die Verordnung schreibt ein reichliches Quantum von Proviant vor, so, daß selbst bei ungewöhnlichen und kaum möglich langen Reisen von 80 bis 90 Tagen ein Mangel an Lebensmitteln nicht stattfinden kann. Durch obrigkeitlich verordnete Versicherung bei soliden deutschen Assecuranz-Compagnieen ist ferner dafür gesorgt, daß im Fall dem Schiffe ein Unglück zustoßen und es verhindert werden sollte, die Reise zu vollenden, die Passagiere durch andere Schiffe kostenfrei nach dem Bestimmungsort gebracht werden. Cajüten-Passagiere werden in solchen Fällen nur im Zwischendeck weiterbefördert, wenn sie das Passagegeld für erste Cajüte nicht extra versichern. Eine Rückzahlung des Passagegeldes findet in einem solchen Falle nicht statt.

§ 7. Versicherungen auf Effecten und Gelder werden jederzeit zur billigsten Prämie und gegen $1/4$ Prozent Provisionen besorgt; nicht versicherte Effecten gehen auf Risico des Eigners.

§ 8. An Reisegepäck (Mobilien und Geräthschaften ausgenommen) wird für jeden erwachsenen Passagier 20 Cubic-Fuß, ohne Rücksicht auf Gewicht, frachtfrei mitgenommen, für das Uebrige ist eine mäßige Ueberfracht (nach Amerika $1\frac{1}{2}$ Thaler pr. 10 Cubic-Fuß, nach Australien $3/4$ Thaler für jeden Cubic-Fuß) zu entrichten. Das Gepäck ist mit den Namen der Eigenthümer zu versehen und hat jeder Passagier das Seinige selbst an Bord zu schaffen und darauf zu achten, da die Expedienten für verloren gehende Effecten nicht verantwortlich sind.

§ 9. Die Passagiere sind verpflichtet, sich den, auf Einwanderung Bezug habenden Gesetzen der Vereinigten Staaten, sowie den hiesigen zu unterwerfen, und den Anordnungen des Capitäns Folge zu geben.

Obgleich der Paßzwang nach Amerika Seitens des Norddeutschen Bundes aufgehoben ist, kann es doch, um allen Unannehmlichkeiten zu entgehen, nichts schaden, sich mit einem solchen zu versehen.

Schiffs-Beköstigung.

Sonntag: ½ Pfd. Ochsenfleisch, Mehlspeise mit getrocknetem Obst.

Montag: ½ Pfd. Schweinefleisch, Erbsensuppe oder Sauerkohl.

Dienstag: ½ Pfd. Ochsenfleisch, Graupen oder Linsen.

Mittwoch: ½ Pfd. Ochsenfleisch, Reis mit Syrup.

Donnerstag: ½ Pfd. Ochsenfleisch, Mehlspeise mit getrocknetem Obst.

Freitag: ½ Pfd. Schweinefleisch, Erbsensuppe oder Sauerkohl.

Sonnabend: Hering oder Fische, Linsen oder Bohnen.

Ferner wöchentlich: 5 Pfd. weißen Schiffszwieback und fünf Zwölftel Butter.

Morgens Kaffee, Abends Thee. Gutes gereinigtes Wasser wird in reichlichem Maaße gegeben. Kranke erhalten die ihnen dienlichen Speisen, Wein, Zucker, Sago, Grütze sowie die nöthigen Medicamente aus der Schiffs-Apotheke. Kartoffeln, Essig :c. werden ebenfalls eingelegt.

Obrigkeitliche Gesetze.

§ 1. Auf allen von Deutschland direct nach anderen Welttheilen zu befördernden Auswandererschiffen ist eine von den übrigen Plätzen abgesonderte Abtheilung für einzeln reisende Frauenzimmer — worunter alle über 10 Jahre alten weiblichen Personen zu verstehen sind, welche ohne Begleitung von Ehemännern oder sonstigen nahen Angehörigen reisen — einzurichten. Eventualiter ist die Aufnahme von Frauen mit Kinder unter 14 Jahren in diese Abtheilung gestattet.

In allen Fällen ist einer zuverlässigen älteren weiblichen Person, welche die Nacht in dem für einzelne Frauenzimmer abgesonderten Raum zuzubringen hat, die specielle Aufrechthaltung der Ordnung daselbst zu übertragen.

Falls die Bauart des Schiffs es gestattet, ist diese Abtheilung im Hintertheil des Schiffsraums, sonst aber an einem anderen geeigneten Platze anzubringen und mit einer verschließbaren Thür zu versehen.

Ferner ist, und zwar vorzugsweise vorn im Schiffsraum, eine von den übrigen Schiffsplätzen durch eine Zwischenwand getrennte, wenn thunlich mit einem besondern Ausgang zum Verdeck versehene Abtheilung für alle unverheiratheten, über 14 Jahre alten männlichen Passagiere herzustellen.

Diese verschiedenen Separat-Abtheilungen sind so einzurichten, daß die Ventilation bestmöglichst gewahrt bleibt.

Behufs Herstellung hinreichender Ventilation müssen außer den Luken wenigstens zwei, und je nach der Größe des Schiffes mehr Ventilatoren von mindestens je einem Fuß Durchmesser vorhanden sein.

In den Logirhäusern für Auswanderer sind besondere Schlafcabinette für einzeln reisende Frauenzimmer einzurichten.

§ 2. Mit Rücksicht auf den Gesundheitszustand der Passagiere während der Seereise und um dem Ausbruch von epidemischen Krankheiten während derselben möglichst vorzubeugen, werden die Auswanderer vor der Einschiffung ärztlich untersucht.

Die Untersuchung findet statt 1 oder 2 Tage vor der Expedition der Schiffe in den größeren Logirhäusern zu vorher von den Expedienten anzusagenden Stunden, und haben die Wirthe die bei ihnen logirenden Auswanderer anzuhalten, zu dieser Zeit mit ihren Familien im Hause zu sein. Die bei kleineren Wirthen und zerstreut wohnenden Auswanderer müssen behufs der Untersuchung in einem ihnen von der Auswanderer-Behörde angewiesenen Locale sich einfinden.

Zum Beweise, daß die ärztliche Untersuchung beschafft ist, wird der Passageschein vom Arzte gestempelt.

Die Expedienten und Wirthe haben dafür zu sorgen, daß möglichst alle Auswanderer zur Zeit der Untersuchung im Besitze der richtigen Passagescheine sind, um dieselben vom Arzte abstempeln zu lassen. In Ausnahmefällen erhalten die Passagiere einen Gesundheitspaß d. h. ein mit dem ärztlichen Stempel versehenes Formular, worin Name und Personenzahl entsprechend dem Passageschein auszufüllen.

Der untersuchende Arzt ist verpflichtet, alle Auswanderer, die an einer ansteckenden Krankheit, welche durch Uebertragung die Gesundheit der übrigen Passagiere gefährden kann, leiden, zurückzuhalten, sowie ferner solche, die schwer erkrankt sind, so daß ihre Weiterreise mit augenscheinlicher Lebensgefahr verknüpft ist.

Der Arzt meldet mittelst bestimmter Formulare derartige Fälle der Polizei-Behörde, welche den Transport der Kranken in das allgemeine Krankenhaus veranlaßt. Ein Verbleiben derselben in den Logirhäusern ist unzulässig. Dem Untersuchungsarzt liegt in gesundheitspolizeilicher Beziehung die Ueberwachung der im Hafen liegenden Auswandererschiffe und der Logirhäuser für Auswanderer ob, und ist ihm der Zutritt zu denselben zu jeder Zeit zu gestatten.

§ 3. Auf jedem Auswandererschiffe ist wenigstens ein, zuvor vom Untersuchungsarzte zu approbirender, zur Krankenpflege geeigneter, seefester Mann mitzunehmen. Bei einer größeren Anzahl von Passagieren kann auf Vorschlag der Besichtiger die Mitnahme von Mehreren von der Auswanderer-Behörde verlangt werden.

Diesem Manne, welcher zu den regelmäßigen Schiffsarbeiten nicht verwendet werden darf, liegt unter Aufsicht des Capitains die Pflege und Wartung der Kranken, sowie die Sorge für gehörige Reinhaltung, Ventilation und Räucherung des Zwischendecks und der Passagierräume ob. Er hat in dieser Beziehung die Zwischendeckspassagiere zu beaufsichtigen, und Letztere sind verpflichtet, seinen betreffenden Anweisungen, namentlich was die Reinigung der Cojen und des Zwischendecks betrifft, Folge zu leisten.

Wenn die Zahl der Passagiere mehr als hundert beträgt, so ist außer dem Koch entweder noch ein Hülfskoch anzustellen, oder es sind einige dazu geeignete Passagiere dem Koch als Gehülfen beigegeben, welche zugleich als Assistenten des nach der obigen Vorschrift anzustellenden Wärters und Krankenpflegers verwendet werden können.

„ 4. An Speisen für Kranke und Kinder hat ein Schiff für je hundert Personen mitzunehmen:

An Bord eines jeden Auswanderer führenden Segelschiffes muß sich eine Medizinkiste befinden, welche die im Anfange zu dieser Verordnung verzeichneten Medicamente enthalten muß.

Zur Aufbewahrung des Wassers an Bord sind vorzugsweise eiserne Tanks, sonst aber nur gut ausgebrannte süße Fässer in eisernem Verband zu benutzen, und zwar namentlich gereinigte Palmölfässer oder Sprit- oder Weinfässer.

In Zeiten von Epidemien muß das Trinkwasser in der abseiten des Gesundheitsraths näher zu bezeichnenden Weise desinficirt werden,

§ 5. Die Passagiere dürfen erst an Bord des Schiffes angenommen werden, nachdem die Beladung desselben mit Fracht- und Proviantgegenständen beendigt, und das Schiff reisefertig ist.

Um bei dem Einschiffen der Auswanderer in die Segelschiffe eine für die Personen und ihre Effecten bei ungünstigen Witterungs-Verhältnissen nachtheilige Verzögerung zu vermeiden, dürfen die Auswanderer nicht eher zur Einschiffung an den Hafen bestellt und an Schiffsseite gebracht werden, bis sofort mit ihrer Uebernahme an Bord vorgegangen werden kann.

Die Logiswirthe sind verpflichtet, dafür zu sorgen, daß die Auswanderer sich zur bestimmten Stunde zur Einschiffung mit ihrem Gepäck einfinden.

§ 6. Zur Beleuchtung des Zwischendecks müssen für je hundert Passagiere mindestens zwei starke Laternen verwandt werden, für welche das erforderliche Quantum Brennöl mitzunehmen ist.

§ 7. Der Expedient hat dafür zu sorgen, daß das Schiff von einem tüchtigen Capitän geführt werde, und bei eigener Verantwortlichkeit dafür aufzukommen, daß der Capitän alle auferlegten Verordnungen, sowie die nachstehenden Verpflichtungen übernehme:

Dafür zu sorgen, daß die den Passagieren angewiesenen Plätze während der Reise beibehalten werden, und daß namentlich die den einzeln reisenden Frauenzimmern angewiesene Separat-Abtheilung am Abend regelmäßig geschlossen, alle in dieser Beziehung nöthige Ordnung strenge gehandhabt, jedem versuchten Unfug aber energisch gesteuert werde, daß ferner die Mannschaft die Passagierräume nur betrete, wenn der Schiffsdienst es erforderlich macht.

Jeder während der Reise vorkommende Geburts- und Todesfall ist vom Capitän oder dessen Stellvertreter innerhalb 24 Stunden in dem Schiffsjournal zu vermerken, sowie die bekannte oder wahrscheinliche Ursache des Todes. Ist ein Arzt an Bord, so ist ein ärztliches Attest beizulegen.

Der Nachlaß der Verstorbenen ist, sofern er sich nicht im Besitz von Angehörigen der Verstorbenen befindet, sofern vom Capitän in Verwahrung zu nehmen und in einem von ihm und zwei Zeugen zu unterschreibenden Inventar hat der Capitän alsbald nach seiner Ankunft am überseeischen Landungsplatze mit dem Journalauszug über etwaige Geburts- und Sterbefälle dem Norddeutschland vertretenden Consul zu übergeben und dessen Verfügung wegen des Weiteren einzuholen.

Wenn an Bord eines Auswandererschiffes epidemische Krankheiten ausbrechen, so ist der Capitän verpflichtet, wenn sich das

Schiff in der Nähe oder im Bereiche eines geeigneten Hafens befindet, denselben anzulaufen, um die erkrankten Passagiere unter den Schutz des Norddeutschland vertretenden Consuls zu landen und die sonst den Umständen nach erforderlichen Sanitätsmaßregeln zu ergreifen.

Die für den Unterhalt und die eventuelle Weiterbeförderung der solchergestalt gelandeten Passagiere zu verwendenden Kosten müssen durch Versicherung gedeckt sein.

§ 8. Schiffscapitäne, welche die ihnen obliegenden Pflichten gröblich verletzen oder sich unfähig zur Führung eines Auswandererschiffes erweisen, können als zu solcher Führung nicht mehr zu verwenden von der Deputation für das Auswandererwesen den Expedienten bezeichnet werden.

Einrichtung.

Die großen Kisten sind weggestaut im dem Gepäck-Raume, das Handgepäck mit dem Nothwendigsten hat man bei sich. Damit such' dir die Nummer deines Platzes auf und richte für die nächste Wochen dich alsbald ein. Das heißt, gieb jedem Stücke seinen gehörigen Platz, der dafür übrig bleibt in deinem beschränkten Raume.

Seekrankheit.

Das ist eigentlich die große Seeschlange, vor der alle Welt sich fürchtet. Wenn man dem Ungeheuer aber näher tritt, reducirt sich's auf eine Kleinigkeit, mit der keine Gefahr verbunden ist. Ein Taumeln im Kopfe, eine Bewegung im Magen, ein Kopfhängen über Bord, ein Starren in die Tiefe, mit weit geöffnetem Munde, mit scharf geschlossenen Augen, das ist Alles, was davon übrig bleibt. Dabei kommen die wunderlichsten Scenen zu Tage, die nicht wenig auf die Lachmuskeln von Andern zu wirken pflegen.

Frische Luft ist die Hauptsache, Aufenthalt auf dem Deck das Beste; mäßige, aber genügende und leicht verdauliche Diät empfehlenswerth. Zucker, Wein, Backobst, Zwieback und dergl. bei sich zu haben, wird dem Auswanderer zu dieser Zeit unersetzlich sein. Saure Gurken, die ich zu solcher Zeit beim Mittagbrot genoß, verwandelten (wie ich allmählig ausfand) meinen Zustand, der bis dahin schier wie zu Lande war, fast bis zum Unerträglichen. Darum mag's gerathen sein, daß man die Säure zu solcher Zeit zu vermeiden sucht.

Schiffs-Mannschaft.

Das Verhältniß der Passagiere und Schiffs-Mannschaft ist gesetzlich geregelt und man thut wohl, sich mit allem Fleiß in den Schranken dieser Bestimmungen zu halten. Dazu gehört, daß Passagiere sich auf die Räumlichkeiten des Verdecks beschränken, die für ihre respectiven Classen angewiesen sind und die Mannschaft in keinerlei Weise belästigen. Der Schiffs-Mannschaft ist verboten, die Passagier-Räume zu betreten, außer in Fällen, wo sie für einen nothwendigen Dienst dazu beordert werden. Die Grenzlinien halte man scharf inne, so wird man gegenseitig vor mancherlei Uebel bewahrt bleiben. Jede Seite wird gesichert sein gegen Eingriffe in ihren Kreis, gegen Störung in ihrer Thätigkeit, gegen Beeinträchtigung in ihren Rechten, gegen unheilsvolle Vertraulichkeiten. Das gegenseitige Verhältniß wird ein freundliches, zuvorkommendes und doch gehaltenes und respectvolles bleiben, und statt mit gegenseitigen Verwünschungen zuletzt von einander zu gehen wird, man sein Angesicht mit Frieden von einander wenden und wohl gar noch mit Freuden an diese bewegten Lebenszeiten zurück denken, wenn sie einmal längst vergangen sind.

Amerikanische Billets.

Die Hafenstädte bilden in vieler Hinsicht schon den Vorhof von Amerika. Hier bringt man dies, da bietet man jenes an, was etwa in Amerika noth sein soll. Darunter spielen Billets für amerikanische Eisenbahnen eine Hauptrolle. Das kommt zwar weniger in deutschen Häfen vor, wo's bei 50 Thlr. Strafe verboten ist. In außerdeutschen Häfen kömmt es häufig vor und darum hüte man sich vor solchen Anpreisungen. — Unter keinen Umständen kaufe man Etwas in europäischen Häfen, was für Amerika sein soll, am allerwenigsten Eisenbahn-Billets, indem die **Vortheile**, die es augenscheinlich gewährt, sich in lauter **Nachtheile** verwandeln.

Amerikanisches Geld.

Seit dem Jahre 1862 ist das einzige Geld, welches im Geschäftsleben vorkommt, Papiergeld, mit Ausnahme von 1, 2 und 5 Centstücken; das Metallgeld ist bis auf diese Scheide-Münze aus dem gewöhnlichen Verkehr gänzlich verschwunden. Es giebt Noten von 5 — 10 — 25 und 50 Cents und dann zu 1, 5, 10, 20, 100, 500 und 1000 Dollars. Das Werth-Verhältniß zwischen dem früher in Umlauf befindlichen Metall-Gelde und dem jetzigen Papiergelde richtet sich nach einer täglich verschiedenen Prämie, welche das Metall- (Gold- und Silber-) Geld bedingt. Im Jahre 1864 war das Verhältniß sehr ungünstig, so daß man für 100 Gold-Dollars 200, zu einer Zeit sogar 285 Papier-Dollars erhielt. Um nun den Werth des preußischen Geldes in Papier-Dollars bestimmen zu können, ist es nothwendig, zu wissen, welchen Werth dasselbe in amerikanischer Metallmünze besitzt, ich lasse daher nachstehende Tabelle zur Richtschnur folgen:

Gewöhnlicher Cours Amerikanischer Münzen gegen preußische Thaler:

Münze	Thlr.	Sgr.	Pf.
Double-Eagle (20 Doll.) =	28	10	—
Eagle (10 „) =	14	5	—
Half-Eagle (5 „) =	7	2	6
Drei-Dollarstück =	4	7	6
Quarter-Eagle (2½ Doll) =	3	16	3
1 Gold-Dollar =	1	12	6

Diese Münzen sind jederzeit in New-York gegen das gängliche Papiergeld nach der notirten Prämie umzuwechseln. Kauft Jemand z. B. ein Zwanzig-Dollarstück in Deutschland für 28 Thlr. 10 Sgr. so erhält er dafür in Amerika, wenn z. B. der Cours mit 118 notirt ist, 23 Dollars 60 Cents Papiergeld.

Meine Abreise von Berlin.

Am 31. Oktober 1866 verließ ich mit dem Hamburger Zuge Berlin und traf am 1. November früh 10½ Uhr in Hamburg ein. — Das große Auswanderungs-Hôtel von Meyer et Comp., wo ich logirte, kann ich nur lobenswerth empfehlen. Herr M. selbst, ein zwar noch junger, aber intelligenter, gereister Mann, ist, ich möchte fast sagen, eine unentbehrliche Persönlichkeit für den Auswanderer. Die Räumlichkeiten, über welche derselbe zu verfügen hat, sind großartig. Ein großes, vierstöckiges, palastähnliches Gebäude (Theerhof 3—8) ist mit Allem ausgestattet, was der Auswanderer zur Seereise gebraucht.

Die Einschiffung und Reise nach dem Kanal.

Der Hamburger Steamer „Teutonia", auf welchem ich mich einschiffte, ist das älteste Schiff der Linie Hamburg-New-York und konnte wegen des niedrigen Wasserstandes der Elbe nicht bis zum Hafen kommen, sondern lag auf dem Strom der Elbe bei Stade. Die Zwischendecks-Passagiere wurden am 3. November früh 8 Uhr, nachdem das Gepäck tagsvorher an Bord gebracht, auf einem Leichter-Dampfschiffe dahin abgeführt, das gar winzig gegen den großen transatlantischen Steamer erschien. Lust und Fröhlichkeit herrschte überall, denn nur der kann sein Glück in Amerika machen, der mit dem Gedanken seine heimathlichen Fluren verläßt: „ich habe hier nichts mehr zu suchen;" wer die Kraft in sich fühlt, den Stürmen des Lebens Trotz zu bieten und dabei den Weg zur Auszeichnung und zum Wohlstand für sich und seine Familie findet; wer sich geprüft und überzeugt hat, daß nicht Hang zu Abenteuern, zu einem leichten, bequemen Leben, nicht die Hoffnung schnell und mühelos reich zu werden, ihn aus der Heimath vertreibt — der paßt nach Amerika.

Am 4. November früh 3 Uhr kamen der Kapitain, die Offiziere und Kajüten-Passagiere an Bord und eine halbe Stunde später wurden die großen Anker, welche die Teutonia noch in den heimischen Gewässern hielt, emporgewunden und fort ging's; langsam, in tiefen und unheimlichen Tönen stürzte der Dampf aus dem großen Schlot der alten Teutonia.

Um 6 Uhr früh passirten wir Cuxhaven und erhielten den Lootsen. Ueber das Meer hin wehte eine frische Brise aus N.-W. und die rauhe, kalte Seeluft hüllte uns in dichte Nebel, weshalb wir auch nichts von Helgoland, in dessen nächster Nähe wir hinfuhren, sehen konnten, und dieses garstige Gesicht hat uns das Meer beinahe auf der ganzen Reise gezeigt. Das Schiff, so colossal es auf dem beschränkten Flußgebiet erschien, war den mächtigen Wogen ein Spielball, schwankte nach rechts und links, fiel vorne in ein tiefes Wellenthal, um im nächsten Augenblick sich wieder durch die Gewalt des brausenden Wassers zu heben. Mich brachte dieser häßliche Tanz um den ersten Eindruck von

„Himmel und Wasser", indem ich zu den ersten Opfern der Seekrankheit gehörte.

Am 6. früh in den Morgenstunden sahen wir die ewig grüne Insel, Englands weiße Kalksteinfelsen, links die freundlichen Städte, Dörfer und Villen der Insel Wight und um 1 Uhr Mittags fuhren wir in den Kanal ein und um 7 Uhr lief unser Schiff an den Docks von Southampton an.

Southampton,
eine schöne, aber unregelmäßig gebaute Stadt, liegt unmittelbar am Ufer; ich rathe aber Jedem, welcher der englischen Sprache nicht mächtig ist, dort länger zu verweilen, als nöthig ist, seine Geschäfte zu besorgen, ganz vorzüglich aber keinen nächtlichen Lustbarkeiten, namentlich allein, beizuwohnen, denn daran ist kein Mangel; Southampton ist der Ort der Verführung und Alles, was man hier sieht, ist Jedem neu und mancher Auswanderer hat dort den Rest seines Geldes lassen müssen, womit er in der neuen Heimath noch lange hätte leben können.

Reise durch den großen Ocean und Ankunft in New-York.

Bis den 8. November früh 8 Uhr lag unser Steamer ruhig da, nahm den letzten Hauptvorrath von Kohlen und ungefähr 80 Passagiere, welche über Hâvre kamen, auf. Wir waren jetzt, ohne die Schiffsmanuschaft, 750 Köpfe stark. Um 9 Uhr gingen zum letzten Male die großen Anker empor, von den Wällen donnerten die Kanonen und langsam, in Begleitung vieler kleiner Dampfjachten, links die französische und rechts die englische Küste liegen lassend in den Kanal zurück. Um 10 Uhr passirten wir einen Theil des englischen Panzergeschwaders und vielen Handelsschiffen und zwei mächtigen alten Kriegsschiffen vorbei, die mitten auf der Rhede von Portsmouth lagen und bestimmt schienen, in ihren alten Tagen als schwimmende Forts zu dienen. Der Wind wehte heftig aus Süd-West und führte kalten Regen mit sich. Um 11½ Uhr passirten wir den letzten Leuchtthurm und in kurzer Zeit verließen wir die europäischen Gewässer, als wir 1 Uhr Mittags in den großen Ocean hineinfuhren.

Am 8. Nachts 11 Uhr (die Zeit differirt schon um 25 Minuten mit den Berliner Uhren) verließ uns der englische Lootse und Kapitain Haak übernahm nun selbstständig das Kommando.

Am 9. Vormittags sahen wir noch viele französische und

englische Fischerböte, viele Seemöwen und Landvögel, welche unserem Schiffe nachgeflogen waren.

Die eigentliche Seereise wird erst von Southampton aus gerechnet, und wir brauchten grade 14 Tage, ehe wir in Hoboden (Staat New-Jersey) auf amerikanischem Grund und Boden anlangten.

Am 16. waren wir in der Gegend von New-Foundland, wo das Transatlantische Kabel liegt, auch sahen wir schon die Anzeichen, daß wir in der Nähe des Landes waren: Bäume und gezimmertes Holz, sowie tausende von Seemöven, welche unser Schiff umflatterten.

Am 17. in den Vormittagsstunden kam das Amerikanische Lootsenboot Nr. 15 in Sicht und um 1 Uhr (die Zeit differirt schon um 5¼ Stunde) stieg der Lootse an Bord. — Kleine Dampfyachten begegneten uns und wir erfuhren, daß, wenn das Glück uns günstig sei, wir am 20. bei guter Zeit ankern würden.

Den 19. Nachmittags 4 Uhr sahen wir festes Land, und am 20. in den späten Nachmittagsstunden liefen wir zwischen malerischen Inseln (Long Island) in das große Wasserbecken, den Hafen von New-York, ein. Aber bald lagerte sich ein undurchdringlicher Nebel um uns, so daß die Anker geworfen wurden. Während der Nacht ging es wieder ein Stückchen vorwärts und doch erreichten wir erst andern Tages Staten-Island. Aber wer von dieser herrlichen Einfahrt an Brooklyn und New-York erzählen will, der muß diese Straße öfter besuchen oder er empfängt nur ein ganz verworrenes Bild wilder, ruheloser Geschäftigkeit.

Am 21. Abends gegen 7 Uhr wurden endlich die Anker geworfen. Von unserem Schiffe tönten die üblichen 6 Kanonenschüsse, um New-York die Ankunft der Teutonia zu melden, und sofort wurde das Schiff von den Zollbeamten besetzt. Es hieß auch hier, wie im lieben deutschen Vaterlande: Ruhe ist die erste Bürgerpflicht.

Am 22. früh 7 Uhr ging die Revision der Einwanderungsgüter vor sich, welche Riesenarbeit um 10 Uhr beendet war. Die große Rücksicht, mit der Jedermann dabei behandelt wird, grenzt ans Unglaubliche. — Ich mache besonders aufmerksam, daß nur wirklich gebrauchte Passagier-Effekten, als: Betten, Wäsche, Werkzeug,

Bücher', Haushaltsgeräthschaften ꝛc. zollfrei in New-York eingeführt werden dürfen, dagegen sämmtliche neue Gegenstände dem gewöhnlichen Eingangs-Zoll unterworfen sind und daher dem Kapitain jedenfalls genau und gewissenhaft angegeben werden müssen. Machen die Passagiere demselben falsche Angaben darüber oder verheimlichen sie zollpflichtige Gegenstände, so setzen sie sich der Gefahr aus, daß sämmtliche Gegenstände confiscirt werden und sind sie dem Schiffe außerdem für die daraus entstehenden Kosten zum Betrage von 400 Dll. verantwortlich.

Ankunft in New-York.

„Glücklich der Mann, der den Hafen erreicht hat", jauchzt es in der Brust eines durch die vielfachen Unannehmlichkeiten einer langen Seereise gequälten Menschen auf: und wenn dieser Hafen New-York ist, so hat er doppelte Ursache, sich zu freuen. Wohl nicht leicht giebt es eine schönere Einfahrt vom Ocean, wenigstens nicht an der westlichen Hemisphäre, und selbst Stockholm, Edinburg, Neapel und Constantinopel, die vier bedeutendsten Häfen der Welt, brauchten sich nicht zu schämen, wenn ihnen New-York an die Seite gestellt würde. — Die Narrows (Engen), welche von beiden Seiten mit Forts (Lafayette und Napoleon) garnirt sind, eröffnen dem Ankömmling eine wunderbar schöne Aussicht, so wie die Bucht von Staten-Island ihm entgegentritt. Die sanftaufsteigenden Hügel, mit freundlichen Villen und stolzen Palästen besät, gewähren einen erquickenden Anblick und die allmälich sich erweiternde Bucht, in deren duftig blau schimmerndem Hintergrunde sich die stolzen Mauern von New-York erheben, gewährt einen wahrhaft erhabenen Anblick. — Die Quarantäne vorbei schnaubt das Dampfroß: immer deutlicher ragen die stolzen Thürme der Metropole, ein Gewirr von kleineren und größeren Fahrzeugen fesselt den Blick des erstaunten Einwanderers. Da rasselt der Anker, das Ziel ist erreicht, Amerika ist gewonnen, den Meisten, wenigstens dem, der arbeiten und lernen will, zum Segen. Doch nicht alle ersten Eindrücke, welche der Einwanderer bei seiner ersten Ankunft von dem neuen Continente empfängt, sind durchaus freundliche und ich will ihm deshalb zum Führer dienen, damit er sich nicht von Anfang an enttäuscht oder wohl gar entmuthigt fühlt.

Cajüten-Passagiere werden nicht wie Zwischendecks-Passagiere in „Castle Garden" gelandet. Sie genießen das Vorrecht mitsammt ihrem Gepäck direkt nach dem Landungsplatz (Pier) der betreffenden Dampfschifffahrtsgesellschaft befördert zu werden, wo ihre Effecten von Zollbeamten untersucht werden, und nachdem dies geschehen, können sie den Landungsplatz verlassen. — Der Landungsplatz der englischen Dampfer befindet sich am diesseitigen (New-Yorker) Ufer des Hudson in West-Street; der der deutschen Dampfer aber am jenseitigen (New-Jersey) Ufer und zwar in dem Städtchen Hoboken, wo es an billigen und guten Gasthäusern, meist deutschen Wirthen, nicht mangelt. Zwischen New-York und Hoboken besteht eine ununterbrochene Verbindung mittelst Dampffähren. Die Ueberfahrt dauert nur einige Minuten und kostet 3 Cents.

Allen Passagieren ist zu rathen, vor Untersuchung des Gepäcks auf die Frage des Beamten „ob Verzollbares darunter sei?" eine gewissenhafte Antwort zu geben. Verschweigt er etwas in dieser Beziehung oder verlangt der betreffende Zollbeamte ungerechten oder zu viel Zoll, welchen sich der Reisende zu zahlen weigert, so werden die zollpflichtigen Sachen nach dem sogenannten „Seizure-Departement" transportirt, und der Reisende thut dann am Besten, mit der Wiedererlangung einen Zollhaus-Broker (Makler, Commissionär) zu beauftragen, wodurch er allerdings einige Kosten hat, in den meisten Fällen jedoch mit der Bezahlung des gesetzmäßigen freien Zolles freikommen wird. Der Einwanderer wende sich an den Superintendenten des „Castle Garden", Herrn Casserly, oder an dessen Stellvertreter. Sollte der Einwanderer gerechte Sache haben und ihm auch durch genannten Superintendenten Abhülfe nicht werden, kann er sich an einen der Einwanderungs-Commissäre wenden. — Zollfrei sind natürlich bereits gebrauchte Gegenstände aller Art. Mit anderen Sachen wird es meist strenge genommen, und nicht selten sogar der Körper der Ankommenden visitirt. Das Mitschleppen zu vieler Sachen sollte man überhaupt vermeiden, nicht blos der theuern Fracht wegen, sondern auch, weil gegenwärtig und schon seit Jahren Wollen- und Baumwollenwaaren, also auch die daraus gefertigten Kleidungsstücke hier wenig oder gar nicht theuerer sind als in Deutschland. Fertige Schuhe und Stiefel sind sogar billiger als dort, ebenso Hüte und Mützen aller Art für Männer und Knaben.

Zwischendecks-Passagiere werden in „Castle Garden" ausgeschifft. — Dieses große Einwanderungs-Depot, an der Südspitze der Stadt New-York gelegen, ist vom Staate eingerichtet und steht unter Verwaltung einer von den Staatsbehörden ernannten Commission. Zwei der Einwanderungs-Commissäre sind Deutsche. In allen Bureaus dieses „Castle Garden" genannten Landungsdepots sind deutsche Beamte angestellt.

Der Passagier betritt zuerst die große Halle in „Castle Garden," wo die wichtigsten ihn betreffenden Geschäfte abgemacht werden. Das große Publikum ist von diesem Lokale ausgeschlossen. Der Zutritt zu demselben und der erste Geschäftsverkehr ist nur einer gewissen Anzahl Personen, die dabei auf mehr oder minder honette Weise profitiren, auf Grund besonderer Licenzen gestattet. Dahin gehören namentlich ein paar Geldwechsler, die Agenten einiger Haupt-Eisenbahnen, eine Telegraphen-Agentur, eine Gepäcksbeförderungs-Agentur, ein paar Viktualienhändler und eine Anzahl Emigranten-Wirthe.

Zuerst werden die Namen und andere Personalien des Einwanderers registrirt. Sodann werden die Namen Derjenigen verlesen, für welche Briefe oder Geldsendungen eingelaufen sind, oder welche von Freunden und Angehörigen abgeholt werden sollen. Die in Folge dieses Aufrufs sich Meldenden erhalten die für sie bestimmten Briefe oder Werthsachen sofort eingehändigt; beziehungsweise werden sie den in einem andern Zimmer (Auskunfts-Bureau) wartenden Angehörigen zugeführt.

In der Halle kann der Einwanderer bei den betreffenden Bureaux amerikanisches Geld gegen fremde Münzsorten einwechseln, Eisenbahnbillets zur Weiterreise lösen und die zur Reise nöthigen Provisionen einkaufen. Der Cours, zu welchem fremde Münzsorten hier angenommen werden, ist öffentlich angeschlagen und gewöhnlich $\frac{1}{2}$ Proz. Münze niedriger als der Tagescours an der Börse.

Der Einwanderer sollte nur sein Geld im „Castle Garden Institut", bei dem dort unter Aufsicht der Einwanderungsbehörde Geschäfte treibenden Geldwechsler umsetzen und sich **nicht** an den ersten besten wenden.

Der **Fahrtarif** für Emigrantenzüge ist ebenfalls an dem Eisenbahnbureau im „Castle Garden Institut" aufgehängt. Er ist bedeutend billiger als der für Expreßzüge. Dennoch rathe ich nicht dazu, da die sogenanten Emigrantenzüge drei- bis viermal so lange Zeit wie die Expreßzüge gebrauchen, was bei den sehr großen Entfernungen nicht nur äußerst zeitraubend, sondern auch kostspielig ist. In der Halle sind gegenwärtig die New-Yorker Centralbahn, die New-Jersey Centralbahn, die Erie- und eine Bahn nach Washington und dem Süden repräsentirt. Diese Bahnen vermitteln die Verbindung nach allen Theilen des Landes.

Der weiterreisende Emigrant thut wohl, sich hier vorher mit Provisionen für die Reise zu versorgen, welche er auch hier bei den licencirten Victualienhändlern zu mäßigen Preisen haben kann, wogegen deren Einkauf an den Eisenbahnstationen oder Haltestellen ihm Aufenthalt und größere Kosten verursachen würde. Brod, Wurst, geräuchertes Fleisch, Käse, geräucherte Heringe sind in New-York billig zu kaufen und theilweise nicht theurer als in Deutschland. Cigarren und Taback sind verhältnißmäßig sehr theuer, aber immer noch billiger und besser als auf den Eisenbahn-Stationen.

Das Gepäck des Einwanderers wird ihm schon auf Schiffe gegen eine Blechmarke abgenommen und in das „Castle Garde Gepäck-Bureau" gebracht. Von dort mag es der Emigrant selbst abholen, oder nach irgend einem Theile der Stadt durch Gepäckmeister senden lassen. Bleibt es länger als 24 Stunden im Depot, so sind 10 Cents per Tag Lagergeld zu entrichten. Reist er sofort weiter und kauft sein Eisenbahn-Billet im „Castle Garden Eisenbahn Billet-Bureau", so wird ihm das Gepäck u n e n t g e l t l i c h zum Bahnhofe befördert; 80 Pfund Gepäck sind frei.

Mittellose Einwanderer, welche krank oder temporär arbeitsunfähig sind oder welche Geldsendungen zur Weiterreise erwarten, werden nach dem Zufluchtshause oder dem Hospitale in Wards Island gebracht und dort auf Kosten der Einwanderungs-Commission (oder besser auf Kosten der Einwanderer, da jeder Einwanderer, inbegriffen im Ueberfahrtspreis, 2½ Dollars Kopfsteuer dem Kapitain seines Schiffes zu erlegen hat, welche Summe der Einwanderungs-Commission zur Unterhaltung des „Castle Garden-Depot" und aller damit in Verbindung stehender Bureaux und Anstalten zugewiesen wird) verpflegt, bis sie genesen sind oder Arbeit finden, oder Geld zur Weiterreise erhalten. Indeß sollte der Einwanderer sich nur im äußersten Nothfalle zur Benutzung des Asyls auf Wards Island entschließen und wenn er dazu gezwungen war, sollte er von dieser Insel so schnell als möglich wieder fortzukommen suchen, da der Aufenthalt daselbst unter den zum Theile demoralisirter Menschen ihm in jeder Beziehung nachtheilig ist.

Nachdem die Geschäfte in der Halle abgemacht sind, werden die Emigranten-Wirthe in dieselbe zugelassen, um Gäste für ihre Wirthshäuser zu gewinnen und mitzunehmen. Die Preise, welche diese Wirthe für Kost und Logis fordern dürfen, sowie alle übrigen Regulationen, unter denen sie stehen, müssen im Wirthslokale angeschlagen sein. Im Verkehr mit diesen Wirthen sei der Emigrant sehr vorsichtig und mißtrauisch. Trotz der Licensirung befinden sich sehr viele unter ihnen, welche neben ihrem legitimen Wirthsgeschäfte noch im Geheimen illegitime Makler-Geschäfte aller Art treiben, bei denen es lediglich auf die Tasche des Einwanderers abgesehen ist. Wer länger als einige Tage in New-York zu bleiben gedenkt, thut am besten, die Emigranten-Wirthshäuser ganz zu vermeiden. Für 5 bis 6 Dlls. (Papier) wöchentlich kann man überall anständiges Logis mit Beköstigung finden, während die Emigranten-Wirthshäuser theuerer und wenig comfortable sind.

Das **Arbeits-Nachweisungs-Bureau**, welches mit Castle Garden verbunden ist, hat den Zweck, für arbeitsbedürftige Emigranten aller Klassen und Beschäftigungen rasch und zwar unentgeltlich, eine entsprechende, lohnende Thätigkeit oder Dienst zu vermitteln. Es hat sich bisher sehr gut bewährt. Einwanderer können sich mit voller Zuversicht an diese Anstalt wenden. Zu warnen sind sie vor den zahlreichen Privatbureaux ähnlicher Art; mit vielen der letztern ist Schwindel verbunden. Insbesondere mögen sich einwandernde Mädchen vor den letzteren hüten. Auch hüte man sich vor den „Landsleuten" und „guten Freunden", welche in der Nähe von Castle Garden ihr Unwesen treiben, und häufig den Einwanderern ihre Dienste zur Arbeitbeschaffung anbieten. Sie sind meist Zutreiber von Schwindel-Anstalten. Deutsch-Emigranten werden als Landarbeiter und Colonisten von den Amerikanern allen andern Nationalitäten vorgezogen und finden daher in den meisten Fällen ohne Schwierigkeit gutes Unterkommen. Handwerker thun am Besten, sich an ihre betreffenden Vereine oder an Collegen zu wenden.

Hat der Einwanderer irgend welche Beschwerde zu führen, so sollte er sie zunächst bei dem Superintendenten in Castle Garden anbringen; findet er hier keine Abhülfe, oder würde die Sache verzögert, so wende er sich an die deutsche Gesellschaft (Seite 8). Ist der Einwanderer von einem respectablen Bekannten seiner Heimath an eine New-Yorker Firma empfohlen, so thut er am besten, gleich nach seiner Ankunft in „Castle Garden" diese Firma aufzusuchen und sich davon in keiner Weise durch sogenannte Berather und Landsleute abhalten zu lassen.

Der landwirthschaftliche Charakter
der sich zur Ansiedlung eignenden Staaten der Union.

Landet der Fremde (ich habe besonders die deutschen Einwanderer und unter diesen hauptsächlich solche im Auge, welche sich der Landwirthschaft zuwenden wollen) etwa in New-York, so entsteht die Frage, wenn sie der neue Ankömmling nicht schon vorher bei sich entschieden hatte: wohin in diesem weiten, weiten Lande? Die Hauptrücksicht sollte sein: ein milder Himmel, ein möglichst gesundes Klima, ein für die werthvollen Erzeugnisse des Ackerbaues wohlgeeigneter Boden; möglichst bequeme Absatzwege, eine gute Nachbarschaft (am besten, wenn sie aus wohlwollenden Landsleuten gebildet ist) und endlich Erwerbung des gewünschten Grundbesitzes mit möglichst geringer Kapital-Auslage.

Von diesen Anforderungen werden die meisten Ankömmlinge sich etwas herabstimmen müssen; denn wäre alles Wünschenswerthe an einer Stelle vereinigt, so wäre diese längst eingenommen, und Niemand wäre da anzutreffen, wo des Vorzüglichen sich weniger findet. Der Wohlhabende kann wählen, der mit geringen Mitteln Versehene muß — wenigstens für den Anfang — zusehen, wie er ankommen kann, auch sich den Nachtheil gefallen lassen, in welchem er gegenüber dem hier Erzogenen sich befindet, der, bekannter mit den Verhältnissen, leichter eine ihm zusagende Heimstätte herausfindet. Gewöhnlich hebt gerade der in weniger günstigen Verhältnissen erwachsene Deutsche diesen Nachtheil wieder auf durch die mitgebrachte Unverwöhntheit und durch ausdauernden Fleiß, so daß er gar oft den mit mehr Mitteln hier Angelangten und selbst den Eingeborenen, der eine weniger harte Schule zu durchlaufen hatte, überholt, wenn auch erst nach manchem Jahre der Mühe.

Wiederholt sich diese Erfahrung nun hier überall, so ist es doch für das Fortkommen des Einwanderers, besonders wenn es um das Gedeihen ganzer Ansiedlungen gilt, nicht gleichgültig, wohin er von Anfang an sich wendet. Zum Wohlbefinden mag es der einzelne deutsche Einwanderer da und dort bringen; zu freudigem Aufblühen, sowie zu politischer Bedeutung wird das deutsche Element muthmaßlich nur in etwa einem Dutzend der Weststaaten gelangen, worauf der eine mehr, der andere weniger Gewicht legen mag.

Mag der mittellose Ankömmling mitunter sich genöthigt sehen, in der bereits überfüllten Stadt New-York, oder in dem Staate New-York, oder in den angrenzenden Staaten Pennsylvanien und New-Jersey, oder auch in den nördlicheren Neu-England-Staaten ein Unterkommen zu suchen: der nach einer Heimstätte Verlangende sollte davon abstehen, da er westwärts zu billigeren Preisen Besseres findet. Die Staaten nördlich von New-York, deren Ackergrund man arm nennen muß im Vergleich mit dem Bodenreichthum der Weststaaten, und deren ursprüngliche puritanische Bevölkerung durch Auswanderung und Mangel an Nachwuchs neuerdings sich rasch zu vermindern scheint, füllen sich mit Einwanderern aus Irland und Canada, und es sollte den Deutschen nicht einfallen, diesen den Besitz jenes Landes streitig zu machen. Mögen noch lange Deutsche und Irländer räumlich möglichst geschieden bleiben!

In nächster Reihe bieten sich 3 Staaten dar, zwar von verschiedener Beschaffenheit, aber alle für den Landbau sehr wohl geeignet, reichlich mit Waldung und auch mit unterirdischen Schätzen versehen und wohl gelegen für Absatz und Verkehr. — Obenan steht

Ohio

mit einer bereits großen Menge von deutschen Bewohnern in den Städten und auf dem Lande. Der Boden ist zwar im Ganzen nur mittelreich zu nennen, dennoch ist Ohio jetzt noch der erste der Ackerbau-Staaten und wird einer der ersten bleiben, wenn dessen Bewohner nunmehr einhalten wollen mit der übertriebenen Waldvertilgung und dem bereits über Gebühr angestrengten und deßhalb in' seiner Ergiebigkeit merkbar nachlassenden Boden durch sorgfältige Bewirthschaftung nachhelfen. Der Staat kann freilich eine zwei bis dreimal größere Bevölkerung als die gegenwärtige ernähren, wenn seine Hülfsquellen verständig ausgebeutet werden; doch sind die Landpreise bereits so hoch (von 50—100 Doll. der Acker), daß viele Landeigenthümer ihren Grundbesitz verkaufen und für den erlösten Betrag in Missouri und anderen Weststaaten ein doppelt so großes und besseres Grundstück sich verschaffen. Außer dem gewöhnlichen Fruchtbau werden Viehzucht, namentlich die Zucht veredelter Schafe, auch Tabak- und Obstbau mit großem Erfolge betrieben. Für den Weinbau, der hier seine Wiege hatte, giebt es zwei Hauptbezirke, das nördliche Ufer des Ohio und das südliche Ufer des Erie-Sees. Doch mag auch in den mittleren Theilen des Staates die Rebe gedeihen, wenn die Sache nur richtig betrieben wird. — Auch ausgedehntes Fabrikwesen beschäftigt und ernährt Tausende von Arbeitern. Auf eine so starke weitere Einwanderung, wie die vor 30 und 40 Jahren, ist schwerlich fernerhin zu rechnen.

Michigan.

Nördlich von Ohio erstreckt sich Michigan als Halbinsel, in Klima und Bodenbeschaffenheit Ober-Canada ähnlich. Die das Land umgebenden Seen mildern das Rauhe der nördlichen Breite, und der mit herrlichem Urwald bewachsene im Ganzen flache und mit gutem, zum Theile sehr reichen Ackergrunde versehene Staat, dem es auch an mineralischen Schätzen nicht fehlt, bietet, zumal da die Landpreise sehr niedrig stehen, dem Ansiedler offenbar nicht geringe Vortheile dar. Auch findet man unter den Angesiedelten nicht wenig Deutsche und Schweizer, die wohl zu gedeihen scheinen. Die gewöhnlichen Feldfrüchte und Wiesengras wachsen hier gut, Obst doch wohl nur im südlichen Theile und an den Ufern der Seen. Im mittleren und nördlichen Theile finden sich ausgedehnte Nadelholz-Waldungen. Das Eisen des Staates gehört zu dem besten der Welt. Die abgetrennte nördliche Halbinsel, rauh und unwirthbar, enthält bekanntlich einen Kupferreichthum, wie er wohl nirgends sonstwo zu finden ist. — Im Ganzen hat der Staat in seiner Entwickelung mit mehreren der westlichen Staaten nicht gleichen Schritt gehalten.

Virginien.

Südöstlich von Ohio erstreckt sich Virginien bis zum atlantischen Meere, von Natur mit Allem gesegnet, was der Ansiedler sich wünschen mag, aber durch das zweihundertjährige Bestehen der Sclaverei und durch den Rebellionskrieg heruntergebracht. Noch vor einem Jahre durfte von deutscher Ansiedlung zwischen den Sclaverei-Aristokraten nicht die Rede sein; sie sind aber, wie es scheint, mürbe geworden, geben gern einen Theil ihrer Ländereien, die sie selbst nicht mehr bebauen können, zu mäßigen Preisen ab und sind zu der richtigen Erkenntniß gekommen, daß nur durch Einwanderung ihr gesunkenes Gemeindewesen zu heben sei. Als vereinzelter Deutscher möchte ich dort nicht leben; wollen sich dagegen kleinere oder größere Colonien zur Ansiedlung in Virginien bilden, so mögen solche dort so gut als irgend sonstwo auf gedeihliches Fortkommen zu rechnen haben.

West-Virginien.

Von Alt-Virginien riß während der Rebellion West-Virginien sich los. Dieser neue Staat ist vorzugsweise ein Gebirgs-Land mit ansehnlichen Bergkuppen, reizenden Thälern und prächtigen Flüssen, mit bedeutenden mineralischen Reichthümern, einem milden und gesunden Klima, mit Naturschönheiten aller Art, aber mit keinem Ueberfluß an gutem Ackergrund. Wein, Obst und die feinsten Gemüse gedeihen hier vortrefflich und finden einen bequemen Absatz in den nahen östlichen Großstädten. Land, das man in Missouri zur dritten Klasse rechnen würde, ist sehr billig zu haben und so stellen sich bereits nicht wenige deutsche Ansiedler ein, besonders Schweizer. In Parkersburg, am Ohio, sammeln sich die Einwanderer.

Kentucky.

Gehen wir zur zweiten Reihe über, im Süden beginnend, so treffen wir zuerst auf Kentucky. Kein Staat ist von der Natur mehr begünstigt. Der Boden ist, mit Ausnahme des gebirgigen Theiles in Süd-Ost, durchaus fruchtbar, trefflich bewaldet und bewässert, bringt Brodfrüchte, Taback, Hanf, Obst und Wein hervor und liefert durch das auf Kalkboden üppig wachsende Blau-Gras reiche Nahrung für die zahlreichsten Heerden; das Klima ist gesund und mild, das Land aber, auf welchem die vierfache Menschenzahl leben könnte, befindet sich fast ganz in den Händen stolzer Aristokraten, die es bis jetzt nicht vergessen und verschmerzen konnten, daß sie noch vor Kurzem wohlbediente Menscheneigenthümer waren. So finden sich Deutsche denn hauptsächlich nur am südlichen Ohio-Ufer und Einzelne zerstreut im Innern des Staates.

Indiana.

Nordwärts daran stößt Indiana, ein im Ganzen flacher Staat, von Natur mit den werthvollsten Waldbäumen besetzt, welche nur allzu rasch vertilgt werden, um den meistens werthvollen Ackergrund für den Pflug zugänglich zu machen. Für Verkehrsmittel ist trefflich gesorgt, und Land ist noch in vielen Theilen des Staates zu ziemlich billigen Preisen zu haben. Das deutsche Element ist ansehnlich, wächst aber neuerdings nicht in demselben Verhältniß, wie in einigen der westlicher gelegenen Staaten. Eine ganzdeutsche Stadt ist Tell City am Ohio, und die Staatshauptstadt Indianapolis ist großentheils deutsch, — so auch Terre haute und andere Städte.

Illinois

stellt eine Landstrecke dar, wie wohl keine von gleicher Ausdehnung irgendwo sich finden, fähig, eine große Menge fleißiger Menschen reichlich zu ernähren. Der Boden kann leicht viermal mehr Nahrungsmittel hervorbringen, als dessen Bebauer für sich bedürfen. Bei Weitem vorherrschend ist — außer in der südlichen Spitze — die Prärie mit flachem, aber meistens überaus fruchtbarem Boden, unter welchem ausgedehnte Kohlen-, und im Norden Bleilager sich finden. Neben den gewöhnlichen Früchten gedeihen auch Obst und Wein, besonders im südlichen und mittleren Theile. Eisenbahnen, hier so leicht herzustellen, durchziehen jetzt schon alle Theile des Staates. Die zahlreichen Deutschen sind hier rasch zu Wohlstand gelangt, und trotzdem daß die Landpreise schon ziemlich hoch sind, strömen immer noch Einwanderer massenweise in den Staat. Ein Wunder von raschem Aufschwung ist die große Gewerbs- und Handelsstadt Chicago.

Wisconsin.

Noch ist unter den nördlichen Staaten östlich vom Mississippi Wisconsin übrig, westwärts durch den genannten Fluß, östlich durch den Michigan-See begrenzt, auch außerdem gut bewässert, doch im Ganzen flach und mit mehr Prärie (Wiesengründe) als Waldboden. Der nördlichste, gebirgige Theil ist reich an Mineralien, der mittlere und südliche enthält trefflichen Ackergrund in großer Menge und dieser bringt Körnerfrüchte, Gras, Gemüse und in den günstigsten Lagen auch Obst und Wein hervor, hinreichend für Millionen glücklicher Bewohner. Eine Zeit lang strömten große Massen von Teutschen nach Wisconsin und das hier sich wohl befindende deutsche Element bildet einen ansehnlichen Theil der Bevölkerung; in den letzten Jahren wandte sich die deutsche Einwanderung mehr und mehr nach den unter einem wärmeren Himmelstrich gelegenen Territorien. Raum ist in Wisconsin noch für viele Hunderttausende, und Grundeigenthum ist noch zu niedrigen Preisen zu erhalten. Die bedeutendste Stadt ist Milwaukee am Michigan-See, fast halb deutsch.

Minnesota.

Ueberschreiten wir den Mississippi, so befinden wir uns in dem nördlichsten der jetzigen Staaten, auf welchen die Aufmerksamkeit der europäischen Auswanderung neuerdings vorzugsweise hingelenkt worden ist, in Minnesota. Das ganze Land muß als eine Hochebene betrachtet werden, indem im nördlichen Theile der Mississippi, und an der westlichen Grenze der gerade nordwärts strömende Red-River seine Quellen hat. Ein kleinerer Fluß ist der Minnesota; außerdem finden sich, besonders im Norden, zahlreiche Seen von großer Schönheit, die Haupt-Sommerheimath der wilden Wasservögel. Der Boden läßt nichts zu wünschen übrig; meistens herrscht die Prärie vor, was den Anbau leicht macht. In manchen Gegenden mangelt es zu sehr an Holz; in andern finden sich die werthvollsten Kiefern- und Eichen-Waldungen, und Bretter werden in großer Menge ausgeführt. Die Bewohner, unter welchen es viele Deutsche, Holländer, Norweger, Schweden und Dänen giebt, rühmen, daß ihr Land mit das gesundeste in der Welt sei, Körnerfrüchte, Gras und Kartoffeln im Ueberflusse hervorbringe, bereits bequeme Verkehrswege habe, noch Millionen Acker unverkauften, aber werthvollen Landes enthalte, — daß nichts anmuthiger sein könne, als ein an den klaren Seen verlebter Sommertag, daß auch der, freilich früh beginnende und spät endigende Winter seine Annehmlichkeiten habe, selbst bei einer Kälte von 33—36 Graden, indem die Luft still und lieblich sei, und der Monate lang anhaltend mit Schnee bedeckte Boden die ausgedehnteste Schlittenfahrt möglich mache u. s. w. Andere klagen, daß die Arbeitszeit durch die langen Winter allzu sehr verkürzt werde, daß eine allzulange Stallfütterung für die Hausthiere nöthig sei, daß Obst und gar Wein doch nur in dem südlichsten Theile und in vorzugsweise geschützten Lagen gedeihen wolle. Jedenfalls mögen Auswanderer aus den nördlichen Ländern Europas ihre Lage hier rasch verbessern. Hauptort ist bis jetzt St. Paul am oberen Mississippi; in dem schönen Thale des Minnesotaflusses haben deutsche Ansiedler Neu-Ulm erbaut. Die Gesetze des Staates sind freisinnig.

Jowa.

Gerade südwärts wandernd kommen wir in dem etwas älteren Staate Jowa (sprich Eioweh) an. Jowa, östlich und westlich von zwei Hauptströmen begrenzt, in der Mitte von dem

De-Moin-Flusse durchflossen und auch außerdem gut bewässert, mit einem fast durchgehends reichen Boden, auch mit mineralischen Schätzen versehen, bietet dem Einwanderer unvergleichliche Vortheile dar und erfreut sich eines unglaublichen raschen Aufschwunges. Grund zur Klage giebt mitunter der Umstand, daß der Prärieboden allzusehr vorherrscht und deshalb der Holz-Vorrath zu schnell sich mindert, sowie daß die Winterstürme allzu lang und heftig über das Land hinbrausen. In den geschützteren Lagen gedeihen indessen Obstbäume und selbst Reben (die letzteren bedürfen der Winterbedeckung) und in allen Theilen des Staates werden die reichsten Erndten von Feld- und Garten-Früchten erzielt. Die zahlreich hier wohnenden Deutschen befinden sich in den besten Verhältnissen: doch herrscht bis jetzt die Yankee-Bevölkerung vor und diese hat manche von Engherzigkeit und Befangenheit zeugende Bestimmungen den Gesetzen des Landes einverleibt, welche dem freisinnigen Geiste der Deutschen zuwider sind. Darin mag theilweise der Grund liegen, daß die deutsche Einwanderung in der letzten Zeit bedeutend schwächer war, als früher. Hauptorte sind Des-Moines, Davenport, Dubuque, Burlington, Keokuk u. a. m., in welchen mitunter Deutsche die Hauptgeschäftsleute sind. Iowa ist geographisch und klimatisch ein Mittelding zwischen Minnesota und Missouri und darum von Vielen geschätzt.

Missouri.

Südlich von Iowa liegt Missouri, der größte unter den älteren Staaten, gerade in der Mitte des großen Mississippi-Thales, im Osten durch den Mississippi begrenzt, im Nordosten durch den Missouri, welcher zugleich den Staat von Westen nach Osten durchströmt, indem er mehrere andere Flüsse, unter welchen der Osage der bedeutendste ist, in sich aufnimmt. — Die kleinere nördliche Hälfte ist nur eine südliche Fortsetzung von Iowa und von der gleichen Bodenbeschaffenheit: die größere südliche Hälfte hat mehr den Charakter eines Gebirgslandes, ähnlich dem Nachbarstaate Arkansas und selbst dem nördlichsten Theile von Texas, indem das Ozarkgebirg als östlicher Ausläufer der Felsengebirge sich hindurchzieht, endigend in der südlichen Spitze von Illinois. — Theilt man außerdem noch den Staat durch eine von Norden nach Süden laufende Linie, so erhält man folgende 4 Viertel: Nordost-Missouri, trefflich für den Verkehr gelegen, im Ganzen halb aus Wald- und halb aus Prärie-Grund bestehend, wohlgeeignet für die Erziehung aller gewöhnlichen Feldfrüchte, auch für Viehzucht, Obst- und Weinbau, reich an Kohlen ec.; Nordwest-Missouri mit vorherrschendem Prärieboden, welcher nach der westlichen Grenze hin immer reicher und tiefer wird, so daß namentlich die Ländereien in der Nähe des Missouri und am Platte-Flusse zu den fruchtbarsten der ganzen Erde gehören: Südwest-Missouri, bevorzugt durch sein mildes und dabei gesundes, Klima, durch Naturschönheiten aller Art (eine Menge der klarsten Bäche, Riesenquellen, Felsenpartieen und Höhlen, parkartige Bewaldung, reizende Thäler ec.) sowie durch eine hinreichende Menge fruchtbaren Bodens, wobei man freilich die felsigen und kiesigen Bergrücken, die aber zu Wald und Weide wohlgeeignet sind und mitunter die reichsten mineralischen Schätze enthalten, mit in den Kauf rechnen muß; Süd-Ost-Missouri mit der allergrößten Mannigfaltigkeit verschiedener Bodenarten, d. h. reichsten Niederungen mit prachtvollem Laubwalde, Höhenzügen mit dem werthvollsten Nadelholz in großer Menge, großen Strecken sogenannten Sumpflandes (vielmehr beständig überrieselten Bodens, indem durch das Erdbeben von 1811 das Ufer des Mississippi emporgehoben wurde, mit den fruchtbarsten Ländereien dazwischen) und zugleich mit weithin laufenden felsigen Bergrücken, zwischen welchen an schönen Flüssen kleinere und größere Thalgründe mit ergiebigem Boden sich finden. — Was Gesundheit betrifft, so gilt im Ganzen die Westseite des Mississippi für gesunder als die Ostseite. Klimatische Fieber kommen natürlich in dieser Breite häufiger vor als im hohen Norden; doch vermeidet der Einwanderer leicht die eigentlich ungesunden Landstriche (die Gegenden mit Wasser ohne natürlichen Abfluß), während eine andere Ursache der Fieber, das erste Aufbrechen großer Strecken von Waldboden, jährlich sich mindert, auch das stehende Wasser abgeleitet und für einen besseren Luftzug gesorgt wird. In der That findet man in Missouri — namentlich unter den Teutschen — eben so zahlreiche Familien, so rosige Wangen und so viele alte Leute als an der Nordgrenze der Union. — In Mannigfaltigkeit der Erzeugnisse, in Obst- und Weinbau, in raschem Fortschritte in allen Zweigen menschlicher Thätigkeit wird dem Missouri-Staate, in welchem noch vor 4 Jahren das Sclaventhum die Herrschaft führte, kein anderer Staat den Rang ablaufen. Hier findet der Einwanderer große und blühende deutsche Niederlassungen, Deutsche in allen Gegenden des Landes, viele derselben in allen Städten, an 80,000 in St. Louis, meistens in den besten Verhältnissen. Zu den 1½ Millionen der jetzigen Bewohner des Staates mag noch die dreifache Zahl hinzu kommen, ohne daß von Ueberfüllung die Rede sein könnte. — Weltbekannt sind die Eisenberge von Missouri, in dem zugleich Blei, Kupfer und andere Mineralien in Menge sich finden und das noch kaum angebrochene Kohlenland wenigstens einen Raum von 26,000 Quadrat-Meilen einnimmt. Von vorhandenem Ackergrunde ist noch lange nicht der dritte Theil in Cultur.

Kansas.

Der westliche Theil des Staates Kansas hat dieselbe Bodenbeschaffenheit wie Missouri. Große Vortheile bietet auch der südliche und der vom Kansasflusse durchströmte mittlere Theil des Staates dar. Der Nordwesten besteht aus reichem und trockenem Prärielande, zu arm an Holz und zu sehr den rauhen Nordweststürmen ausgesetzt, als daß ohne künstliche Waldanpflanzung Ansiedlungen dort gedeihen könnten. Die Menge und die Regelmäßigkeit des Regenfalles nimmt mehr und mehr ab von der östlichen bis zur westlichen Grenze. Der Kansasstaat wurde mit Blut getauft, und diese Bluttaufe veranlaßte bald nachher die großartigsten Entscheidungen; so knüpft sich ein besonderes Interesse an diesen Staat, dem, wie Niemand zweifelt, eine große Zukunft bevorsteht. Es waren muthige und für die Idee der Freiheit begeisterte Menschen aus Massachusetts, welche neben den zugleich eingedrungenen brutalen Sclavenzüchtern zuerst die Wildniß am Kansas ansiedelten; die letzteren erlagen endlich, und die Yankees führen jetzt die Herrschaft im Lande. Doch haben in den letzten Jahren auch viele Deutsche sich niedergelassen und rühmen ihre glückliche Lage. Der bedeutendste Ort ist bis jetzt die rasch aufblühende Stadt Leavenworth am westlichen Ufer des Missouri.

Nebraska.

Der ebenfalls ganz neue Staat Nebraska, gerade nördlich von Kansas, westlich von Iowa, scheint vorzugsweise von Deutschen besiedelt zu werden. Das Land am westlichen Ufer des Missouri ist vortrefflich, auch weiter westwärts an beiden Ufern des Nebraska oder großen Platte-Flusses des Anbaues fähig, noch weiter westwärts jedoch ärmer und dürrer werdend und wohl nur als Weideland für große Schafheerden brauchbar. Außer dem Misouri (von hier nur noch mehrere hundert Meilen schiffbar nach seinen Quellen hin) giebt eine Eisenbahn nach Californien den Bewohnern die erwünschteste Verkehrsverbindung. Holz ist leider ein rarer Artikel; doch läßt Wald sich anpflanzen, und Kohlen sollen in Menge sich finden. Unglaublich schnell wuchs der Hauptort Omaha empor, und andere Orte von Bedeutung folgten schnell nach. Das Klima wird als gesund und angenehm geschildert. Mehrere Jahre thaten Heuschreckenschwärme den Feldern viel Schaden und zogen dann nordostwärts weiter. — Auch mit Obst- und Rebenanpflanzung wurde bereits ein Anfang gemacht.

Californien.

Unter den am stillen Meere oder doch an der Westseite des Felsengebirges gegründeten Staaten nimmt Californien die erste Stelle ein. Der große Staat mit einer Küstenstrecke von 800 Meilen mit einigen der besten Seehäfen der Welt, ist trefflich für den Weltverkehr gelegen, erfreut sich eines gemäßigten Klimas, daß der Winter in einer Regenzeit besteht und der Sommer regenlos ist bei reinster, gesundester Luft; hat außer den Gebirgszügen, welche zum Theil mit Riesenstämmen bewaldet sind, eine hinreichende Menge werthvollen Ackergrundes, so trefflich geeignet für Weizen-, Gemüse-, Obst-, Wein-, Seidenbau ꝛc., auch für Viehzucht im Großen, daß kaum ein anderes Land der Welt sich damit vergleichen kann und ist seit Jahren das weltbekannte Gold-Land, von welchem jährlich viele Millionen des allzu gesuchten Metalles in alle Länder gehen. Die Bevölkerung ist eine im höchsten Grade gemischte und besteht zum großen Theil aus Abenteurern aus allen Weltgegenden. — Das anfänglich rohe und wilde Treiben der Goldgräber geht immermehr in einen gesetzlichen und gesitteteren Zustand über, wie dem Landbau und den Gewerben sich mehr Kräfte zuwenden. Das geschilderte Klima hat eine Zeit der Dürre im Nachsommer zur Folge, die nicht angenehm genannt werden kann, und im Winter würde Mancher mitunter Schnee- und Frostwetter den fast täglichen Regengüssen vorziehen. — Das bessere Land hat bereits seine Eigenthümer und ist nicht zu ganz billigen Preisen zu haben; doch warten noch viele Millionen Acker Land auf den ersten Ansiedler. Der Staat hat ohne Zweifel eine sehr große Zukunft. Die prächtig gelegene Hafenstadt San Francisco scheint zu einer der bedeutendsten Welthandelsstädte bestimmt.

Nevada.

Im Osten von Californien wurde der ganz neue Staat Nevada gegründet, der „Silber=Staat" der Union, ein Hoch= und Gebirgsland, in welchem mit Hülfe künstlicher Bewässerung auch werthvolle Bodenerzeugnisse gewonnen werden.

Oregon.

Nördlich über beiden zuletzt genannten Staaten erstreckt sich Oregon am Stillen Meere bis zum Kamme des Felsengebirges. Das Klima ist ähnlich dem im Süden von England; mäßige Sommerwärme und gelinde Winter mit hinreichendem Regen. Ein Theil des Landes ist als Wald= und Weideland brauchbar, dabei reich an Mineralien, ein anderer bringt Feldfrüchte, Gras und Obst in Menge hervor, besonders werden einige der Fluß= thäler als höchst anmuthig geschildert. Die Nadel= und Laub= holzwaldungen sind sehr werthvoll. Obzwar ziemlich abgeschlossen von der übrigen Welt, scheinen die Bewohner, unter welchen es auch deutsche Familien giebt, ein glückliches Leben zu führen. Natürlich ist hier noch Raum für Hunderttausende.

Die Südstaaten der Union.

Bevor in den Ver. Staaten die Sclaverei=Frage in Anre= gung kam und eine immer wachsende Erbitterung zwischen den Bewohnern veranlaßte, bestand für unsere Landsleute kein Grund, die so viele Vortheile darbietenden südlichen Unionsstaaten zu meiden, und so finden wir ansehnliche ältere deutsche Ansiedlun= gen in den beiden Carolinas, selbst in Georgien, neuere in Ar= kansas, Tennessee und Texas und zahlreiche Deutsche in den Großstädten New=Orleans, Baltimore ec. Sie litten mehr oder weniger durch die Rebellion, am meisten die, welche, ihrer besse= ren Ueberzeugung folgend, an dem Kampfe für die Union sich betheiligten. Von fernerer Einwanderung in diese Staaten kann nur dann die Rede sein, wenn die Leidenschaften sich völlig ver= kühlt haben, Ordnung und Gesetzlichkeit herrschend und die Stim= mung der vormaligen Sclavenhalter eine gegen die Fremden freundliche und humane geworden sein wird. Dort, wo der neue Aufschwung erst kommen muß und wesentlich von der Einwan= derung erwartet wird, mögen besonders weniger bemittelte Fa= milien leichter und schneller zu Eigenthum und Selbstständigkeit gelangen, als in den Staaten, welche bereits vielweiter fortge=

schritten sind, und in welchen deshalb das werthvolle Grundeigenthum auch nur für einen höheren Preis zu haben ist. Die
starke Negerbevölkerung dieser Staaten mag Manchen zuwider
sein, Anderen nicht. In den meisten dieser Staaten wird kein
ähnliches deutsches Leben erblühen, wie wir es in mehreren der
mittleren und nördlicheren Weststaaten schon jetzt finden; aber
jedenfalls wird es künftig an Solchen nicht fehlen, welche die
Vortheile des wärmeren Klimas und des zum großen Theile
werthvollen Landes besser, als dies bis jetzt geschah, auszubeuten
wissen. — Beginnen wir in unserer Aufzählung der Südstaaten
mit dem kleinen

Delaware, südöstlich von Pennsylvanien und am atlant.
Meere gelegen. Das Land ist gut, aber die Bewohnerschaft bestand bisher fast nur aus Sclaverei-Aristokraten, die wohl nicht
einmal einen Zuwachs durch Einwanderung wünschten. — Aehn-
lich ist es in dem nordwärts daran stoßenden

Maryland, doch mit dem Unterschied, daß dort werthvolles
Land unter günstigen Bedingungen zu haben ist. Da es nun
an trefflichem Boden nicht fehlt, der außer Getreide auch Gemüse, Obst und Wein hervorbringt, und da es kein für Verkehr und Absatz besser gelegenes Land in der Welt geben kann,
so haben außer in der Großstadt Baltimore auch in deren Um-
gegend und anderwärts zahlreiche Deutsche sich niedergelassen,
erfreuen sich der Früchte ihres Fleißes und laden ihre zur Auswanderung entschlossenen Landsleute ein, sich ihnen anzuschließen.

Von Virginien war schon die Rede, und so wenden wir
uns weiter südwärts nach Nord-Carolina. Ein breiter Küstenstrich, besteht aus einer Sandebene mit zahlreichen Sümpfen
und werthvollen Nadelholzwäldern. Hier ist die Hauptbeschäfti-
gung der Bewohner die Gewinnung von Harz und Terpentin.
Der mittlere Theil ist hügelig und theilweise zum Anbau geeignet, der nordwestliche ist gebirgig und birgt in seinen Minen
Gold, Eisen, Kupfer, Blei und Kohlen ꝛc. Neu-Bern am Neuse-
Flusse wurde schon im vorigen Jahrhundert von Schweizern gegründet. Schneller als in den meisten anderen Rebellenstaaten
ist hier ein beruhigter Zustand zurückgekehrt, und deutsche Einwanderer dürften schwerlich belästigt werden, sich aber eben so
schwerlich hier recht heimisch fühlen. Das Klima ist mild und
auch gesund in den höher gelegenen Gegenden. Die Bewohner
der Niederung sind meistens eine arme und unwissende Klasse

von Menschen, deren Haupterwerb das Sammeln des Harzes ist. — Eines der Counties führte von Anfang den Namen Mecklenburg.

Süd-Carolina bemüht sich neuerdings eifrigst um Einwanderung und unterhält zu diesem Zwecke einen Agenten in Deutschland. Was bietet der Staat, die Wiege der Sclavenhalter-Rebellion, dem Ansiedler aus der Ferne? Der Küstenstrich besteht in einer Breite von etwa 80 Meilen aus angeflößtem flachem Sandboden mit trockenen und zum Theil fruchtbaren Stellen, mit ausgedehnten werthvollen Kiefernwaldungen und mit Sumpfländereien dazwischen, welche bisher zu gewinnreichem Reisbau mittelst Neger-Arbeit dienten. Nach dieser Gegend mit ihrem halbtropischen Klima darf man gewissenhafter Weise keine deutschen Einwanderer ziehen wollen, etwa mit Ausnahme der wichtigen Hafen- und Handelsstadt Charleston, wo schon älteres deutsches Element anzutreffen ist, welches trotz der Kriegsverwüstungen sich in guten Verhältnissen zu befinden scheint. Der mittlere und nordwestliche Theil erhebt sich allmählich zu einem Inselande mit Berg und Thal und mit Kuppen von sogar 5000 Fuß Höhe. Hier sind hauptsächlich nur die sanfteren Abdachungen des Anbaues fähig, und hier gedeihen Halmfrüchte, Gemüse aller Art, Obst und besonders die Rebe, — die letztere soll einen erstaunenswerthen Ertrag bringen. Allgemein gerühmt wird das milde und angenehme, keinem grellen Wechsel unterworfene Klima dieser Gebirgslandschaft, welche auch mancherlei werthvolle Mineralien enthält. Der unter dem bisherigen Arbeitssysteme sehr unvollkommene Anbau dieser Gegend könnte ohne Zweifel durch intelligente und fleißige Einwanderer wesentlich verbessert werden, und die jetzigen Grundbesitzer bieten den Ansiedlern Heimstätten unter den günstigsten Bedingungen an. Auch hat sich der Staat nach der Niederlage der Rebellen schneller beruhigt als die meisten seiner westlichen Schwesterstaaten. Die in Niederungen und auf einigen kleineren Inseln in großer Menge erzogene Baumwolle sichert den Staaten eine reiche Einnahmsquelle, sobald erst die bessere neue Ordnung der Dinge sich befestigt haben wird.

Der mehr als doppelt so große und weiter nach Süden sich erstreckende Staat Georgia ist von ähnlicher Naturbeschaffenheit, indem der flache und zum Theil sumpfige Boden, noch ungesunder für den Weißen durch tropische Sommerhitze, sich von Süden und von der östlichen Küste nordwärts erhebt und an der nördlichen Grenze zum Gebirgslande wird mit einem gesunden und milden Klima, wo auch der deutsche Frucht-, Obst- und Weinbauer sich wohl befinden könnte. Doch scheint die Zeit noch nicht ganz nahe, da man die politischen und gesellschaftlichen Verhältnisse des Staates als wohlgeordnet wird betrachten können. In der wichtigen Hafenstadt Savannah gab es schon frühe deutsche Familien, auch in Atlanta und anderen Landstädten waren solche vor der Rebellion anzutreffen.

Die schon lange bekannte Halbinsel Florida (Staat erst seit 1845) bildet den südlichen Theil des Ver. Staaten-Gebietes, ist flach im Ganzen, ein Sumpfland im Süden, eine magere Sandfläche auch in vielen der mittleren und nördlichen Gegenden, mit fruchtbaren Strecken Landes dazwischen und einer wunderbar reichen Vegetation, namentlich bezauberten Orangenwäldern, mit einem zwar heißen, doch durch die Seewinde von Ost und West gemilderten und nicht gerade sehr ungesunden Klima. Das Land ist gut bewässert, obschon die Erhebungen kaum mehr als 200 Fuß betragen, zur Hervorbringung aller tropischen Erzeugnisse, auch zur ausgedehnten Viehzucht wohlgeeignet. Unter den wenig zahlreichen Bewohnern befinden sich ein paar Hundert Deutsche; vorherrschend ist jetzt noch die afrikanische Rasse.

Alabama, westlich von Georgia, hat ähnliche Naturverhältnisse wie dieses, viel wenig fruchtbaren, aber auch sehr reichen Boden, für Baumwollen- und Fruchtbau wohlgeeignet. In den nördlichen Theil erstrecken sich Ausläufer des Cumberland-Gebirges, und dort findet man überaus anmuthige Landschaften, so daß der Einwanderer keine schönere neue Heimath sich wünschen könnte. Jetzt lebt dort gerade der ärmste Theil der Bevölkerung, von den reichen Plantagenbesitzern in die Gebirge getrieben. Von großer Bedeutung ist der Seehafen Mobili, wo schon vor der Rebellion auch deutsche Geschäftsleute anzutreffen waren. Es ist kein Grund vorhanden, mit der Auswanderung nach Alabama zu eilen.

Der Staat Mississippi, im Westen durch den Mississippi begrenzt, ist im Ganzen flach, wasserreich und vermöge seiner Bodenart und seines Klimas eine der Haupt-Baumwollen-Staaten. Die schwarze Bevölkerung ist überwiegend.

Nördlich über Mississippi, Alabama, Georgien und der Westspitze von Nord-Carolina hin erstreckt sich der Staat Tennesse, im Osten ein gesundes und schönes Gebirgsland mit theilweise zum Anbau geeignetem Boden, in der Mitte ein im Ganzen fruchtbares Hochland, im Westen eine reiche wellenförmige Ebene. Hauptflüsse sind der Missisippi an der westlichen Grenze und der Tennessee. Für Getreidebau und Viehzucht eignen sich alle Theile des Staates, für Baumwolle am besten der südöstliche Theil, für Obst- und Weinbau die Mitte und der Osten. Der Staat ist gut bewaldet und hat treffliches Eisen und Kohlen in Menge; der Gesundheitszustand läßt kaum etwas zu wünschen übrig, und das Klima ist mild, ohne erschlaffend zu sein. — Ein Theil der Bewohner gehörte zu den wüthigsten Rebellen und tobte nach der Niederwerfung der Rebellion noch Jahre lang fort — besonders in den westlichen Counties — in rohester Weise: doch gewannen schon früher die bundestreuen Bürger das Uebergewicht, und ganz neuerdings scheint in Folge scharfer Maßregeln gesetzliche Ordnung in allen Theilen des Staates wieder einkehren zu wollen. — Schon vor der Rebellion war das deutsche Element in Memphis, Nashville, Knoxville und anderen Städten vertreten, und eine größere deutsche Niederlassung fand sich in Ost-Tennessee; neuerdings scheinen in Mittel-Tennessee Schweizer-Colonien sich bilden zu wollen, und da hier wohlfeiles Grundeigenthum noch in Menge zu haben ist, und die Naturverhältnisse günstig sind, so mag vielleicht unter den ehemaligen Sclavenstaaten Tennessee nächst Missouri am ersten einigermaßen germanisirt werden. Eine recht gut redigirte deutsche Zeitung erscheint schon jetzt in Nashville und scheint von einem regen, deutschen Leben daselbst zu zeugen.

Arkansas, die südliche Nachbarin Missouri's, der Breite nach vom Arkansas-Strom durchflossen und auch außerdem gut bewässert, besteht dem kleineren Theile nach aus reichen Niederungen, außerdem aus gebirgigem Boden, welcher für kleinere Farmerei und Viehzucht günstig ist, aber auch vielfach für Obst- und Weinbau sich eignet. Es finden sich Eisen, Kohlen, Salz, heiße Quellen 2c. Der westliche Theil gleicht großartigen Parkanlagen; zahllose Baumgipfel sieht man im Spätherbste ganz verhüllt durch eine blaue Traubendecke. Unter den wilden Rebenarten kennt man mehrere sehr werthvolle, und noch Besseres mag künftig gefunden werden. — Von Anfang sammelte sich in Arkansas eine Menge verkommenen Gesindels, und die Zustände des Staates waren im Ganzen noch vor, während und auch nach der Rebellion, ja bis heute ist der Mordbrennerbande, die sich Kuklux-Brüderschaft nennt, das Handwerk noch nicht ganz gelegt. Nur unter der Voraussetzung, daß durch die Einwanderung einer besseren Bewohnerklasse der anständigere Theil der Bevölkerung das Uebergewicht gewinnt, darf an eine erfreuliche Zukunft dieses Staates gedacht werden. — Eine Gesellschaft von Deutschen aus Oberhessen ließ schon 1833 in Little Rock (der jetzigen Staatshauptstadt) sich nieder; Andere siedelten im Norden und Westen sich an, mußten aber zum Theil während der Rebellion sich nach Missouri flüchten. Von letzterem Staate aus werden, sobald die Zustände dazu geeignet sind, die Deutschen südwärts vordringen und Arkansas zu dem machen helfen, wozu es seiner vielfach günstigen Naturbeschaffenheit nach geeignet ist. —

Louisiana, von dem Mississippi theils nach Osten begrenzt, theils von ihm und zugleich von dem großen Red-River durchströmt, außerdem mit zahlreichen Seen, Baien und Sümpfen versehen, gehört zu den wasserreichsten Ländern der Erde und stellt fast durchgehends eine aus abgelagertem Schlamme gebildete Ebene dar. Da ein heißes Klima hierzu kommt, so ergeben sich Zucker, Reis, Baumwolle und Mais, auch Tabak ꝛc. als Hauptproducte. Wenig Nachhülfe — außer der Eindämmung der Gewässer — ist hier von Seiten des Menschen erforderlich, um das Leben zu fristen, und richtig angewandter Fleiß mag schnell zu Reichthum verhelfen; doch wird es nicht Jedermanns Sache sein ein Leben zu führen, wie es dort gewöhnlich ist und durch die Umstände geboten scheint. Das Klima bietet keine große Annehmlichkeit, und der Character der sehr gemischten Bevölkerung (fast überwiegend afrikanisch) scheint nicht besonders anziehend zu sein. Die große und für den Handelsverkehr des ganzen Westens sehr wichtige Hafenstadt New-Orleans enthält außer dem französischen und amerikanischen Element auch ein ansehnliches deutsches, von welchem mehrere deutsche Blätter unterhalten werden. Für die noch Unklimatisirten ist das in jedem Herbst sich einstellende gelbe Fieber gefährlich. Leicht und schnell wird hier Geld gewonnen, und leichtsinnig wird es verschwendet und verschwelgt; rohe Auftritte scheinen zu den alltäglichen Vorgängen zu gehören.

Es ist nur noch Texas übrig, wohlbekannt auch in Deutschland durch die verunglückte Adels-Colonisations-Unternehmung, welche unmöglich gelingen konnte, weil sie von falschen Voraussetzungen und kläglicher Unkenntniß der Verhältnisse ausging und noch dabei sehr schlecht geleitet wurde. — Wir haben hier wieder das in fast allen unseren südlichen Staaten Vorkommende, nämlich die drei Regionen: die südöstliche, am mexikanischen Meerbusen sich hinziehende Region, bestehend aus einer niedrigen Küstenebene, theils sumpfig und mit dichtem Röhricht besetzt, theils sandig, theils äußerst fruchtbares Schlammland und mit einem tropischen Klima; die mittlere Region mit wellenförmiger Oberfläche, mit sehr reichen und gut bewaldeten Flußwindungen und weiten, ebenfalls zum Anbau wohlgeeigneten Prärieen, einem gesunden und milden Klima, indem regelmäßiger Luftzug die Hitze mäßigt; die große nordwestliche Region, jetzt noch die Heimath zahlloser Büffelheerden und der wilden Comanches, ein trockenes Gebirgsland, welches, wenn die Indianer entweder zu Menschen gemacht oder ausgetilgt sind, als Weideland werthvoll werden mag. Die erste Region liefert besonders Zucker, Reis, Baumwolle, Mais und Südfrüchte; die zweite liefert Baumwolle, Mais, Halmfrüchte, Gartengewächse, Obst und Wein in Fülle und von großer Vorzüglichkeit (auf den Weinbau weisen die vielen wilden Reben hin mit zum Theil werthvoller Frucht); doch bestand bei der Leichtigkeit, große Heerden zu unterhalten, der Haupterwerb der Bewohner bisher in Viehzucht. — Geklagt wird, daß es in manchen Jahren an Regen fehlt und dadurch, sowie durch Heuschreckenfraß große Noth verursacht wird; daß in manchen Gegenden Holz ein allzu rarer Artikel ist; daß mitunter Spätfröste, wenn Nordstürme über das Land hinbrausen, die Frühsaat beschädigen; daß die Grenzansiedlungen nicht selten durch Indianereinfälle schwer zu leiden haben.

Die deutschen Ansiedlungen in und um San Antonio, Neu-Braunfels und Fredericksburg hatten sich allmählich zu Wohlsein und Wohlstand emporgearbeitet, als sie durch den Ausbruch der Rebellion den allerschwersten Prüfungen, verbunden mit Verlust an Eigenthum und Leben, unterworfen wurden. Das heldenmüthige Ausdauern und Kämpfen der Deutschen für die gute Sache erregt unsere Bewunderung, und um so gerechter dünkt uns ihr Wunsch, durch neuen Zuzug von Landsleuten unterstützt zu werden. Leider ist noch immer das vorherrschende Element ein bundes- und fremdenfeindliches und rohes im höchsten Grade, welches erst — wie wir hoffen — durch die neue Administration zu Vernunft gebracht werden wird. Indessen eröffnen sich bessere Aussichten nach auf eine andere Weise.

Texas, um 1000 d. O.-M. größer als ganz Frankreich, wird in wenigstens 4 Staaten zerlegt werden. Vorerst sind die nöthigen Schritte geschehen, um den südwestlichen Theil von dem nördlichen abzutrennen. Die im ersteren wohnenden Deutschen werden dadurch von dem schlimmsten und stärksten Rebellenelemente (östlich vom Coloradoflusse) befreit und werden in dem künftigen freien Gemeinwesen West-Texas (mit der Staatshauptstadt San Antonio) eine entscheidende Stimme haben. In mehr neuer Zuzug ihnen wird, desto besser werden Alle sich dort befinden. Auswanderungslustige sollten die kurze Zeit noch abwarten, bis die Trenung vollzogen ist. Der jetzige Staat Texas, fähig vielleicht, eine Bevölkerung von 20 Millionen zu nähren, hat jetzt kaum mehr als 700,000 Bewohner, so daß der Einwanderer, auch der ganz unbemittelte, durch Fleiß sich bald eine freie Heimstätte zu erwerben erwarten darf.

Territorien.

Außer den genannten Staaten finden sich auf der östlichen Seite des Felsengebirges folgende Territorien, deren Aufnahme in den Staatenbund nahe bevorsteht: Das Indianer-Gebiet (südlich von Kansas und westlich von Arkansas — enthält sehr werthvolle Ländereien); Neu-Mexico (wichtig als Weide- und Minenland); Colorado (eines der reichsten Minenländer, auch für Ackerbau brauchbar); Dakotah (in Klima und Boden Minnesota ähnlich, doch mehr gebirgig); Wyoming (ein noch wenig erforschtes Gebirgsland); Montana (Gebirgsland mit reichen Minen). Auf der westlichen Seite des genannten Gebirges sind zu nennen 4 Territorien: Arizona (am Colorado- und Gila-Flusse, ein dürres Land mit reichen Gold- und Silberminen); Utah (das Mormonen-Land); Idaho (spr. Eidähu — ein Minen-Land); Washington (am Stillen Meere, mit gemäßigtem Klima und werthvollem Pfluglande, jetzt noch durch wilde Indianerhorden belästigt). Einzelne Deutsche trifft man jetzt in allen diesen Gebieten an; für den neu Ankommenden kann es indessen nicht rathsam sein, sich unter eine Bevölkerung zu begeben, wie sie jetzt noch dort vorherrscht, und deren Treiben ihm unmöglich zusagen kann.

Der Jahresbericht der Einwanderungs-Commission, der am 11. Februar 1870 der New-Yorker Gesetzgebung vorgelegt wurde, enthält folgende statistische Notizen:

Zunahme der Einwanderung. Im Jahre 1869, dem 23. Jahre der Wirksamkeit der Commission, kamen mehr Auswanderer im Hafen von New-York an, als in irgend einem Vorjahre, mit Ausnahme des Jahres 1854, in welchem die Einwanderung die höchste Höhe erreichte oder mit Ausnahme der vier Jahre von 1851—54 (incl.), mehr als in irgend einem Jahre seit 1847. Die Gesammt-Einwanderung betrug im Jahre 1869: 307,454, von denen 48,465 Bürger oder Personen waren, die kein Kopfgeld zu zahlen hatten, während 257,989 Ausländer waren, die Kopfgeld entrichteten. Im Jahre 1868 wanderten 45,303 Personen und 1867 75,333 Personen weniger ein, als im Jahre 1869.

Nationalität der Einwanderer. Aus Deutschland: 99,605; aus Irland: 66,204; aus England: 41,000 und aus anderen Ländern 52,050. Die Zunahme der Einwanderung aus den drei genannten Ländern beträgt gegen 1868 27,644 aus den andern Ländern 17,659. Bemerkenswerth ist, daß, während die deutsche Einwanderung 1869 gegen 1868 ein klein wenig gesunken ist, die irländische und englische bedeutend zugenommen hat und zwar die erstere um beinahe 50, die letztere über 33 Proz. Am meisten hat jedoch die Einwanderung aus Schweden zugenommen, die in früheren Jahren durchschnittlich kaum 1200 betrug, im Jahre 1869 aber auf 23,423, beinahe 10,000 mehr als 1868 und beinahe 20,000 mehr als 1867 stieg.

Gesundheitszustand der Einwanderer. Aus den ärztlichen Berichten des Emigranten-Hospitals auf Wards Island geht hervor, daß der Gesundheitszustand der Einwanderer im Allgemeinen ein sehr günstiger war, günstiger als im Vorjahre und in irgend einem früheren Jahre. Denn obwohl die Zahl der Einwanderer mit jedem Jahre zugenommen hat, so ist die Zahl der Patienten auf Wards Island doch alljährlich geringer geworden. Im Jahre 1868 war die Zahl der Patienten am größten.

Reduction des Kopfgeldes der Einwanderer.

Um die Ausgaben der Emigrations-Commission zu decken, wurde von den Einwanderern in früheren Jahren ein Kopfgeld (Commutation money) im Passagegelde mit einbegriffen, von 1 Doll. 50 Cents per Passagier erhoben. Dasselbe wurde später auf 2 Doll. 50 Cents erhöht; dem Senat der Staats-Legislatur von New-York liegt nun eine Bill vor, durch welche eine Reduction auf den ursprünglichen Satz von 1 Doll. 50 Cents verfügt wird. Da aus den eingehenden Geldern nicht nur sämmtliche Kosten des Emigrations-Bureau gedeckt wurden, sondern sich seit acht Jahren ein Reserve-Fond von bedeutend über eine Million Dollars angehäuft hat, scheint eine Reduction nicht nur zeitgemäß, sondern von der Gerechtigkeit geboten, insofern die Erhebung einer höheren Steuer als nothwendig ist, um den Staat vor Verlust durch Unterhalt mitteloser Einwanderer sicher zu stellen, gewiß nicht zu rechtfertigen ist. Diese Reduction bezieht sich jedoch nur auf gesunde, arbeitsfähige Einwanderer; für alle anderen ist besondere Caution zu leisten.

Die auslaufenden Dampfer des New-Yorker Hafens nebst Bahnhöfen nach dem Westen.

Nach Californien. Die „Pacific-Mail-Steamer-Company" expedirt nach San Francisco am 4. und 24. jeden Monats. Agent: F. R. Baby, Fuß der Canal-Str. Diese Dampfer stehen in Verbindung mit den China-Dampfern, ab San Francisco.

Nach Brasilien segelt jeden Monat ein Dampfer von New-York nach Rio de Janeiro, in St. Thomas, Para und Bahia landend. Man wende sich an Wm. R. Garrison, 5 Bowling Green.

Nach Portland. Die „Maine Steamer-Company" expedirt jeden Montag und Donnerstag. Anschluß an Grand Trunk Eisenbahn nach Canada. Agent: J. F. Ames, Pier 38 East River.

Nach Havanna. Die „Atlantic Mail Steamer-Company" expedirt einen Dampfer jeden Donnerstag. Comptoir: Pier 4, North River.

Hudson River Eisenbahn: Ecke der 30. Straße und 10. Avenue. New-York Central-Billet-Verkauf 568 Broadway).

New-York und Erie Eisenbahn: Am Fuße der Chamber Str. Billet-Verkauf Nr. 1 Tryon Row und Nr. 161 Broadway.

Pennsylvania Central-Eisenbahn: Am Fuß der Liberty Str. Billet-Verkauf 566 Broadway und Astor Hous.

Nach Baltimore, Washington ic.: Am Fuß der Courtland Str. Billet-Verkauf daselbst.

Nach Harlem, Boston ꝛc.: 24. Str. und 4. Avenue. Billet-Verkauf daselbst.

Nach New-Hewen ꝛc.: 27. Straße und 4. Avenue. Billet-Verk. daselbst.

Anfänge des Wohnens in Blockhaus und Stadt.

Wie sich den bewaffneten Augen des Astronomen am besternten Himmel alle Gestaltungen der Himmelskörper neben einander darbieten, Nebelfleck, Komet, Sonne und Centralsonne, so zeigt sich, wenn sich Kleines mit Großem vergleichen läßt, vor den Blicken des Reisenden in Amerika, der auf der leicht aufgeworfenen Bahn den großen Seen entlang fährt, die Entwickelungsgeschichte menschlicher Wohnstätten vom Blockhaus bis zur Großstadt.

Rechts und links von der Bahn ist meistentheils ein Streifen Waldes ausgehauen oder wenigstens bereits dem Untergang gewidmet, indem die Bäume unten am Stamme eingeschnitten oder auch so versengt sind, daß sie nur noch als halbverbrannte, kahle Pfähle gen Himmel ragen. Diese Vernichtung des Lebens durch Abbrennen des Unterholzes ist der erste Schritt zur landwirthschaftlichen Cultur. Der traurige Eindruck, den das Bild solch' großartiger Verwüstung macht, wird durch das Interesse etwas gemildert, welches der Reisende an den Bewohnern der einsamen Blockhäuser nimmt, die da und dort stehengebliebener Gruppen von Waldbäumen errichtet sind. Wie rauh erscheint, zumal zur Winterszeit, das Leben in solch' enger Behausung!

In der Nähe des Blockhauses sieht man im Winter einige Kühe und Pferde, vom Froste bewegungslos, im Schnee stehen. Es ist schon eine Art von Luxus, wenn eine elende, nur gegen die Wetterseite mit einer Wand aus Stroh und Aesten versehene Hütte diesen armen Thieren Unterstand bietet. Häufig müssen sie sich gleich den Thieren des Waldes in diesem selbst zwischen dichtstehenden Bäumen oder in einem andern von der Natur gebotenen Zufluchtsorte eine Stätte suchen. Zur Vervollständigung des Bildes denke man sich noch ein paar zum Blockhaus postirte große Prärie-Hunde, die den Bahnzug mit zornigem Geheul verfolgen, das weithin nachhallt, wenn bereits neue Bilder sich vor dem Auge des Reisenden aufgerollt haben.

Dies ist die Wohnung des „Pioniers der Cultur." Anstatt

allein und hülflos sich anzubauen, siedeln sich gern mehrere „Settlers" nebeneinander an und unregelmäßig zerstreut zwischen den Resten des Waldes stehen ihre niederen Hütten.

Darauf folgt in der Stufenleiter die neuangelegte Stadt, „Town"; breit und regelmäßig sich kreuzend sind zunächst Straßen vorgebildet durch Aushauen der Waldbäume, deren Stümpfe noch als Hindernisse auf dieser neuen Rennbahn für menschliche Thätigkeit aus der Erde hervorragen. Noch sind wenige, aber zum Theil schon recht stattliche Häuser zu sehen; kaum ein einziges ist bis jetzt aus Ziegelsteinen aufgebaut, doch sind es auch nicht mehr rohe Stämme, die als Baumaterial dienen, sondern Bretter, deren Bezug von den unermeßlichen Nadelwaldungen des Nordens die Eisenbahn leicht vermittelt hat. Das erste Haus, welches dort stand, war das Stationsgebäude der Bahn, mit nothdürftigem Magazinraum, einem Geschäftszimmer und einem stuhllosen Warteraum für die Reisenden ausgestattet. Das zweitwichtigste bretterne Gebäude ist die „grocery," ein Verkaufsladen von allem und jedem Dinge, welches zur menschlichen Nothdurft in Kleidung, Nahrung, Wohnung, Haus- und Farmwirthschaft gehört. Die Grocery macht zunächst das Wirthshaus überflüssig, denn Brandy und Whisky, ja selbst Ale oder Bier, das Alles bietet sich dem Farmer. Zu diesen zweien, dem Stationshause und dem Kramladen, gesellt sich bald ein Kirchlein oder ein Schulhaus, die Schmiede, die Brettsäge; auch die Dampfmühle bleibt nicht lange aus. Dort wo im alten Europa der Höhepunkt des Verkehrs- und Gewerbewesens und der Landwirthschaft schon erreicht scheint, fängt eben der Amerikaner an: mit der Eisenbahn, der Dampfmühle, der Mäh- und Dreschmaschine. Auch läßt sich's dort der Landwirth beim Pflügen, Eggen, Säen ꝛc. nichtso sauer werden, als in Deutschland: denn alle diese Arbeiten vollbringt er sitzend, und nicht gehend. In jener Wildniß Maschinen zu finden, deren manche in der landwirthschaftlichen Praxis der civilisirten Länder Europas noch gar nicht Fuß gefaßt haben, erregt das Erstaunen des Reisenden.

Am Samstag Nachmittag bietet die neue „Stadt" das belebteste Bild dar, denn das ist die Zeit, wo von nah und fern Farmer, Farmersfrauen und Töchter, mit wenig Ausnahmen beritten, auf den rauhen Waldpfaden herangezogen kommen, um Briefe und Zeitungen der ablaufenden Woche ebenfalls in der Grocery in Empfang zu nehmen, um Einkäufe für die nächstfolgende zu machen und nebenbei über Familien-, Wirthschafts- und Landesangelegenheiten gegenseitigen Austausch zu pflegen. Die Frauen und Jungfrauen lieben es, grellfarbige Reitkleider zu tragen, welche sie, in der „Stadt" angekommen, abstreifen und auf den Sattel legen. Nachdem sofort das Pferd an einen Pflock oder Baum angebunden ist, macht die Dame im bequemen Anzuge ihre Einkäufe oder Besuche. Als eine bezeichnende Durchführung des amerikanischen Grundsatzes, jeder Lage im Leben die vortheilhafteste oder bequemste Seite abzugewinnen, erscheint die Sitte von Mann und Frau, sich bei längerdauerndem Zwiegespräch, sei es im Vorhause, sei es selbst auf der Straße, geradezu — niederzukauern.

Als ich zum ersten Male derartig postirte Frauenzimmer von weiten sah, mußte ich mich erst von meinem Reisegefährten, einem deutschen Farmer, Erklärung erbitten, der mich über den Zweck der „Sitzung" aufklärte. So mischt sich in dieses junge Stadtleben noch die Sittenursprünglichkeit des freien Waldbewohners.

Amerika auf der Eisenbahn.

Den Lesern wird es von Interesse sein, aus dem Nachstehenden ein anschauliches Bild vom Leben und Treiben auf den Eisenbahnen der Vereinigten Staaten zu erhalten. —

New-York, Philadelphia, Pittsburg, Columbus, Cincinnati, Louisville, Rom, Memphis, Granada, Canton, New-Orleans, — acht verschiedene Eisenbahnen und eine Dampferlinie, alles zusammen 1458 englische Meilen, eine Linie durch die Staaten New-York, New-Jersey, Pennsylvanien, Ohio, Indiana, Kentucky, Tennessee, Mississippi, Louisiana, durch 10 Breitegrade und 15 Längegrade — ja, „it's a great country!" (s'ist ein großes Land!) denn dies ist das dritte Wort jedes Amerikaners, und seit heute spür' ich's in allen Knochen, daß er Recht hat. Es ist mir zu Muthe, wie nach einer kolossalen Geographiestunde, doch eben in ganz besonderer Weise. Während Bücher und Katheder blos eine Reihe von unzusammenhängenden Namen zu geben vermögen, gaben mir diese Stunden ein gewaltiges Bild mit Bäumen, Menschen und Thieren, mit Eisenbahnen und Dampfschiffen, Sümpfen, Bergen, Wäldern, gaben mir einen bunt kolorirten Streifen mitten durch den großen Kontinent, der leb- und farblos vor mir lag, als ich in Boston an's Land stieg. Ich bin außer Stande, dies alles in den warmen Farben des Lebens wiederzugeben, und beschränke mich auf einige Worte über die amerikanischen Eisenbahnen. Es ist eine merkwürdige Geschichte! Ich habe das Eisenbahnnetz der Vereinigten Staaten vor mir. Ein Spinnengewebe von St. Francisco am stillen Ocean bis New-York am atlantischen, von Quebek und Montreal in Canada bis New-Orleans am mexikanischen Meerbusen! Zwar ist noch eine gewaltige Lücke in dem Gewebe zwischen den Bahnen von Californien und denen des Ostens auszufüllen, aber der erste dünne Riesenfaden spinnt sich in diesem Augenblick mit der unglaublichen Geschwindigkeit von 2 Meilen per Tag durch die wogenden Prairien hinter dem Missouri nach den öden Strichen um den Salzsee und den Schnee- und Felsenbergen Newadas hin. Die Gesammtlänge sämmtlicher Bahnen ist größer als die von Deutschland, Frankreich und Großbritannien zusammen, indem über 30,000 engl. Meilen in geregeltem Betrieb sind. 593 verschiedene getrennte Gesellschaften sind die Erbauer und Besitzer des Netzes. Appletons Railwayguide, ein musterhaftes, monatlich erscheinendes Buch, enthält dem entsprechend 593 verschiedene Fahrtenpläne, die sich in Betreff der Zeit noch in bunterem Gewirr durchkreuzen und verschlingen als die Bahnen selbst im Raume. Fünf, sechs, zehn Wege stehen dem Reisenden zu Gebote, der von einem Ende des Landes zum andern will. Aber aufpassen darf man, daß man nicht in den falschen Wagen kommt, um so mehr, als die merkwürdige Armuth an Stadt- und Ortsnamen die Amerikaner nöthigt, ein ganzes Dutzend ihrer künftigen Metropolen Rom, Paris, London, Calcutta und dergleichen zu nennen, der unzähligen Washingtons gar nicht zu erwähnen Die Bahnen selbst sind theilweise, namentlich gegen Süden, unglaublich schlecht. Hölzerne Schwellen, roh, wie sie der Holzspälter im nächsten Walde liefert, liegen in ziemlich beliebigen Abständen die Bahn entlang; wo das Terrain sehr sumpfig ist, etwas enger. Es ist durchaus keine Uebertreibung, daß das Sumpfwasser zwischen denselben emporspritzt, wenn der Zug über sie hinbraust. Wie es unter diesen Umständen mit der geraden Linie beschaffen ist, läßt sich denken. Zum Glück ist es ein Kongreßgesetz, daß kein Zug mehr als 20 engl. Meilen per Stunde zurücklegen darf. Die Geschwindigkeit ist somit keineswegs eine außerordentliche und wird in England, wo die Schnellzüge 36—45

Meilen machen, weit übertroffen. Dies und die Größe der zurückzulegenden Entfernungen verleiht dem Leben auf einer amerikanischen Eisenbahn seinen eigenthümlichen Charakter. Man saust und jagt, aber man saust und jagt nicht einander vorbei und auseinander, wie auf den kleinen Strecken in der Heimath. Man ist tagelang beisammen, man ißt, trinkt und hungert vereint, man geht zu Bette und steht auf, hat Abenteuer, kurz, es wäre wieder etwas von der alten Postchaisenromantik gerettet, wenn nicht das Klima der Romantik so gar zuwider wäre.

Es war Nachts 10 Uhr, als ich New-York verließ. Ich hatte mein Billet bis New-Orleans in der Tasche, das mich ohne jede weitere Bemühung sicher durch die acht verschiedenen Eisenbahngebiete pilotirt und mir in jedem Neste jeden beliebigen, jahrelangen Aufenthalt gestattet. Schon mein Gepäck wird im Gasthof von einem Eisenbahnbediensteten abgeholt, und ich erhalte zwei Blechmarken, die meine Koffer repräsentiren. Will ich den Tag darauf in Cincinnati aussteigen, so gebe ich diese Marke dem Bagageconducteur und finde meine Koffer in dem Hotel oder Haus, das ich ihm bezeichne, fast noch früher, als ich selbst dort bin. Eben so gut aber kann ich sie nach New-Orleans vorausgehen lassen, und das erste, was mir eine Woche später in New-Orleans in die Augen springen wird, sind wieder meine Koffer. Man hat bei uns keinen Begriff davon, wie präcis und regelmäßig und ohne unsere habituelle Angst und Noth um das liebe Eigenthum dies alles vor sich geht. Ein kindliches Vertrauen in die Ehrlichkeit der ganzen Welt scheint Jedermann zu beseelen. Gewiß ein merkwürdiger Zug in Amerika! — Wie gesagt, es ist 10 Uhr. Ich bezahle 1 Dollar für ein Bett und begebe mich alsbald in den sleeping car (Schlafwagen). Die Betten sind bereits gemacht. Das untere Drittel des Wagens ist mit einem großen Vorhang abgeschlossen; dort befindet sich die Damenwelt. In dem oberen Ende findet unter scheinbar großer Verwirrung von Beinen und Armen, Stiefeln und Röcken ein allgemeines Zubettgehen statt. Die Wagen sind nach dem bekannten amerikanischen System gebaut. An beiden Eingängen befindet sich rechts ein Waschzimmer, links eine Toilette. In der Mitte oder an beiden Enden ist ein Ofen, der gewöhnlich rothglühend erhalten wird, was eine Eigenthümlichkeit amerikanischer Oefen ist. Bei Tage sieht man dem sleeping car seine wunderbaren Eigenschaften kaum an. Aber mit dem Einbruch der Dämmerung entfaltet er sich. Zwischen den Bänken ersteigen Wände. Aus ungeahnten Nischen kommen Kissen, Decken und Matratzen hervor, und im Verlauf einer halben Stunde sind auf beiden Seiten, entlang dem mittleren Gang, Kabinette gebildet, jedes sieben Schuh lang und mit zwei, auf manchen Bahnen sogar drei schubladenförmig übereinander liegenden Betten versehen. Daß diese Betten ein Ideal von Comfort seien, läßt sich nicht behaupten. Man hat eine gewisse Neigung, mitten im interessantesten Traum seine Nase gegen den Rücken seines Obermanns zu schlagen, oder findet mit Erstaunen ein falsches Bein unter der eigenen Decke. Auch ist die Luft Morgens für jeden Chemiker von höchstem Interesse. Doch verglichen mit einer Nachtfahrt von Wien nach München, oder von Straßburg nach Paris, wo sich der arme Leib stundenlang umsonst quält, sich dem ingeniösen Marterwerkzeuge, Coupé genannt, anzupassen, ist die Einrichtung goldig. Man hat wenigstens in der Frühe, wenn die diversen Arme und Beine wieder lebendig werden, das wohlthuende Gefühl, mittelmäßig geschlafen zu haben. Gewöhnlich geht man dann auf eine halbe Stunde in den nächsten Wagen, um dem sleeping car Zeit zu lassen, sich zusammenzufalten, und sieht, wie die Morgensonne die wilden Höhen von Pennsylvanien vergoldet oder durch das wirre Waldgestrüppe von Kentucky hervorbricht.

Station um Station erscheint und verschwindet, kleine Nestchen mit großen Namen, große Städte, von deren Existenz wir bisher nur einen dunklen Begriff hatten. Es wird 9 Uhr; ein Junge erscheint mit den neuesten Zeitungen. Ein Anderer kramt eine ganze Bibliothek leichtverdaulicher Reiseliteratur aus und legt jedem Mitfahrenden ein Buch ohne Weiteres in den Schooß, wobei er seinen Vorrath vollständig in dem ganzen Zug vertheilt. Nach einer halben Stunde kommt er wieder, um seine Bücher einzusammeln. Mancher hat mittlerweile eine Geschichte angefangen und kauft also das Buch. Aber auch hier zeigt sich der obenerwähnte Zug von Vertrauen in die Ehrlichkeit des Publikums. Nichts wäre leichter, als diese Bücher in der Stille einzuschieben. Mindestens alle zwei Stunden erschallt auch die laute Aufforderung, sein Leben gegen Unfälle aller Art zu versichern. „3000 Dollars für 10 Cents per Tag! Gentlemen, versichern Sie Ihr Leben!" — Mittlerweile zeigt sich ein beweglicher Anschlag über der Wagenthür: „Dieser Zug frühstückt in Bagdad!"

Wir sind in Bagdad. Alles stürzt in verworrener Eile hinaus, über einen im Wege stehenden Zug hinein und dem wilden Getöse entgegen, das, mittelst einer Art antiken Schildes hervorgebracht, hier die sanftere Eßglocke vertritt. Der Tisch ist gedeckt und mit einer Masse kleiner Platten besetzt, welche Omelettes, Rostbeef, Schweinefleisch, Bratwürstchen, Kartoffeln, Schinken, indische Maiskuchen u. s. w. enthalten. Jedermann reißt an sich, was er bekommen kann, und steckt ungenirt seine Gabel in des Nachbars Braten. Niemand spricht ein Wort, aber Jeder fühlt, daß es einen Kampf auf Tod und Leben gilt, daß Jeder gegen Jeden ist. Auch Thee und Kaffee sind zu haben, aber sie verfehlen ihre besänftigende Wirkung. Ein paar Minuten, und der Schwarm stürzt wieder hinaus, à Person 1 Dollar an der Thür zurücklassend. Mein Nachbar, der mir während des Essens die besten Brocken aus den Zähnen gerissen, wirft mir, in einer Backe eine halbe Bratwurst, in der andern einen halben Wecken, noch einen verschmitzt lächelnden Blick zu, und nimmt dann wieder den Faden der Freundschaft und des Gespräches auf, als wäre nichts geschehen.

Mit Ausnahme von diesen heißen Eßzeiten benimmt sich die sehr gemischte Gesellschaft auf den amerikanischen Eisenbahnen erstaunlich anständig. Von trunkenem Geschrei, von lautem Fluchen und Streiten ist nie etwas zu hören, obgleich alles in einer Klasse sitzt. Eine gewisse Trennung der Stände macht sich nur insofern geltend, als sich ganz von selbst die ärmeren Leute in den vorderen Wagen zusammenfinden. Die Reichen sitzen hinten. In den alten Sklavenstaaten ist der erste Wagen hinter der Lokomotive für die Schwarzen bestimmt. Je weiter südlich man vordringt, um so schlechter werden die Bahnen, um so zäher die Beefsteaks, um so kleiner die Züge. Die Spuren des Krieges, wenn auch äußerlich verschwunden, sind fürchterlich tief in das Fleisch dieser Provinzen eingedrungen, und die höfliche, aber bittere Leidenschaft, womit die großen Tagesfragen, vor allem die Sklavenfrage, bei jeder Gelegenheit verhandelt werden, zeigte mir, sobald ich die Grenze von Kentucky überschritten hatte, wieder einmal recht deutlich, wie schwer es ist, über scheinbar sonnenklare Dinge gerecht zu urtheilen, wenn man sie nicht von Angesicht zu Angesicht gesehen hat.